World Dictionary of Flags and Countries

세계 국기 국가 사전

국기를 보면 국가가 보인다!

실비 베드나르 글 | 크리스텔 구에노 외 그림 | 원지인 옮김

보물창고

국기를 보면 국가가 보여요!

얼마 전, 우리나라에서 올림픽이 열렸어요. 국가 대표 선수들은 열심히 달리고, 서로 치열하게 경쟁하고, 사람들은 신나게 응원을 했지요. 그런데 혹시 선수들이 입고 있는 멋진 운동복을 자세히 본 적이 있나요? 우리나라 선수들이 입은 옷에는 공통점이 하나 있어요. 그건 바로 모두들 태극기를 달고 있다는 점이에요. 올림픽 같은 국제 경기에서 항상 관중들은 자기 나라 국기를 연신 흔들며 목청 높여 응원을 하고, 메달을 딴 선수들은 국기를 들고 응원단에게 자랑스러운 얼굴로 인사를 하지요. 시상식 때는 금메달을 딴 선수 나라의 국기가 가장 높이 올라가요. 도대체 국기가 무엇이기에 다들 이렇게 자랑스럽게 여기는 걸까요?

국기의 기원은 고대까지 거슬러 올라가요. 수천 년 동안 국가와 종족들은 자신들의 문화와 믿음을 자랑하는 데 깃발을 사용해 왔어요. 기원전 100년경, 로마 군대는 천을 창끝에 매단 형태의 깃발을 가지고 다녔어요. 이 깃발은 라틴어로 '벡실럼(vexillum)'이라고 불렸는데, 깃발의 역사와 상징을 연구하는 학문인 기학(vexillology)이라는 단어도 여기서 유래되었지요. 6세기에 비단이 널리 보급되고서야 비로소 현재 우리가 아는 국기 형태가 나오게 되었어요. 아주 가벼운 천으로 만들어 대나무 줄기 끝에 맨 깃발은 마치 공중에서 떠다니는 듯 보였는데, 이것을 바로 현대 깃발의 탄생으로 봅니다.

그렇다면 현재까지 사용되는 국기 중 가장 오래된 건 어느 나라 국기일까요? 정답은 덴마크! 지금의 덴마크 국기는 1625년에 만들어져서 지금까지도 같은 모양이에요. 우리나라 태극기도 조선 후기 1882년에 태극과 4괘가 있는 형태로 만들어진 뒤, 조금씩 변화가 있긴 했지만 지금까지도 큰 차이가 없지요. 하지만 많은 나라들이 여러 번 국기를 완전히 뒤바꿨어요. 국기를 바꾸는 이유는 다양한데, 우리에게도 친근한 나라인 타이(태국) 국기가 바뀐 이유는 상당히 재미있어요. 원래는 타이의 상징인 흰 코끼리가 그려진 국기를 사용했었는데, 어느 날 중요한 행사에서 국기가 거꾸로 게양되는 사건이 일어났어요. 뒤집힌 코끼리 모양을 본 국왕은 그 모습이 몹시 흉하다고 생각했고, 결국 위아래가 대칭인 지금의 국기로 바뀌었어요. 이제는 거꾸로 매달아도 아무도 모를 테지요. 이렇게 특이한 이유로 국기가 바뀐 경우도 있지만, 사실 대부분 국기는 그 나라가 겪은 역사적 변화와 큰 관련이 있어요. 지금 사용되는 국기들 대다수는 한 나라가 독립을 했을 때 만들어졌고, 그 나라의 자유의 상징이 되었어요.

 국기는 그 국가에 대한 많은 정보를 담고 있어요. 즉, 국기를 보면 국가가 보여요. 역사·전설·종교는 물론이고 때때로 그 국가의 지리적 위치나 미래 희망까지도 보여 주지요. 그렇기 때문에 세계 여러 나라 국기들은 각기 다르고, 또 비슷하기도 해요. 여러 이웃 나라들이 역사적 사건을 함께 겪었고, 같은 종교를 믿기도 하고, 비슷한 상징 체계를 가지고 있기 때문이죠. 다른 나라 국기들을 살펴보면서 비슷한 게 너무 많다고 생각해 본 적이 있을 거예요. 헷갈린다고 불평할 수도 있지만, 그래서 오히려 공통점과 차이점을 알면 국기만 보고도 그 나라의 특징을 꿰뚫어 볼 수가 있어요.

 예를 들면, 십자가가 들어간 국기를 사용하는 국가들은 기독교를 믿는 경우가 많아요. 이건 너무 쉽죠? 반대로 초승달과 별이 함께 그려진 건 이슬람교의 상징이에요. 색깔에도 법칙이 있어요. 러시아를 비롯해 슬라브족 문화권에 있는 여러 나라들은 국기에 빨강·하양·파랑을 사용해요. 아프리카 나라들에서 자주 보이는 빨강·하양·검정·초록은 범아랍색으로, 아랍 국가들의 정체성을 보여 주지요. 자유·평등·박애라는 뜻이 널리 알려진 프랑스 국기는 유럽 여러 나라들에게 영향을 주었어요. 프랑스에서 일어난 시민 혁명의 의지를 뒤따르기 위해 삼색기를 선택한 나라들이에요. 왜 그토록 삼색 줄무늬 국기들이 많은지 이제 알겠지요? 과거 영국의 식민지였거나 지금도 영연방에 속한 나라들은 영국 국기인 '유니언 잭'을 자기 나라 국기에 넣었어요. 미국과 라이베리아 국기가 꼭 닮은 건 이 나라가 미국에서 해방된 흑인 노예들이 세운 나라이기 때문이죠.

공통점 말고도 차이점을 보는 것도 흥미로운 일이에요. 많은 나라들이 자신들의 고유한 전통을 국기에 표현했어요. 전통 문양을 수놓은 국기도 있고, 나라에서 아주 유명하고 소중히 여기는 나무나 동물들을 그려 넣기도 해요. 부탄 국기에는 상상의 동물인 용이 등장해요. 우리나라 태극기도 모양이 아주 독특하고 아름다워서 다른 나라 국기랑 헷갈릴 일이 전혀 없지요.

앞서 많은 나라가 국기를 통해 자유를 기념했다고 말했지요. 슬프게도 국기에 흔하게 등장하는 빨간색은 전쟁으로 희생된 국민들을 상징하는 경우가 많아요. 우리나라가 일본의 식민 지배로부터 벗어나기 위해 많은 희생을 치렀듯이, 많은 나라들이 독립을 위한 전쟁 또는 내전으로 인한 아픔을 극복하고 나서 새로운 국기를 만들었어요. 역사 속에서 수없이 많은 전쟁이 일어난 만큼 여러 나라의 국기에 평화를 향한 간절한 소망이 들어가 있어요. 이렇듯 국기들의 상징과 의미를 알고 보면, 국경일에 국기를 게양하고, 세계적인 행사에서 자랑스럽게 국기를 흔드는 일들이 달리 보일 거예요.

이 책에는 전 세계 모든 나라의 국기가 담겨 있어요. 가지각색의 국기를 살펴보고 그 속에 담긴 이야기를 읽고 나면 아는 나라도 많아지고, 또 더욱 궁금한 나라도 많아질 거예요. 자세한 소개가 생략된 나라들이 아쉽거나 압축된 지식과 소개만으로 부족하다고 느껴진다면 꼭 스스로 탐구하는 시간을 가져 보세요. 국기로부터 시작된 호기심이 세계의 역사·지리·문화에 대한 지식을 쌓아 가는 첫걸음이 되어 줄 거예요. 이제 그럼 국기로 세계를 여행할 준비가 되었나요?

―마술연필 (아동청소년문학 기획팀)

차례

유럽 12

아메리카 48

오세아니아 84

아프리카 98

아시아 142

유럽 Europe

덴마크 Denmark

덴마크 작가 한스 안데르센이 쓴 『인어 공주』는 전 세계 어린이들이 알고 있는 이야기예요. 하지만 덴마크 국기에 얽힌 전설적인 이야기를 알고 있는 아이들은 많지 않지요.

전설은 십자군 전쟁이 한창이던 중세 시대로 거슬러 올라갑니다. 덴마크를 비롯한 기독교 국가들이 군대를 모아 다른 종교를 믿는 나라들과 전쟁을 벌이던 때 말이지요. 덴마크 병사들은 크게 패배하고 있었고, 앞으로도 이길 가능성이 없어 보였어요. 그런데 갑자기 하얀 십자가가 그려진 커다란 붉은 천이 하늘에서 떨어졌어요. 덴마크 군대는 그 천을 깃발처럼 치켜들고 기적적으로 전투에서 승리했지요. 그 이야기가 사실인지는 아무도 모르지만, 덴마크 국기는 1625년부터 휘날렸고, 이는 세계에서 가장 오래된 국기라는 건 널리 알려져 있어요.

수도 : 코펜하겐
통화 : 덴마크 크로네
공용어 : 덴마크어
면적 : 43,094㎢
인구 : 약 560만 명
최고 높이 : 이딩산(175m)

북유럽의 십자군 원정대는 발트해 주변의 여러 나라들과 전쟁을 벌였다.

핀란드 Finland 수도 : 헬싱키

스웨덴 Sweden 수도 : 스톡홀름

이 북유럽의 다섯 국가를 스칸디나비아 제국이라고 통틀어 부르기도 한다.

핀란드 국기는 나라의 특징을 색으로 표현하고 있어요. 파란색은 핀란드에 있는 190,000개의 호수를, 하얀색은 눈과 백야를 상징합니다.

아이슬란드 국기에서 빨간색은 화산에서 분출된 용암을 상징하고, 하얀색은 빙하, 파란색은 하늘과 바다와 폭포를 상징해요.

스웨덴 국기의 색들은 스웨덴 전통 무기와 관련이 있는데, 파란색과 금색은 하늘과 태양을 연상시키기도 합니다.

노르웨이 국기의 파란색·하얀색·붉은색은 민주주의를 나타내요. 이 색들은 미국·영국·프랑스 국기에서도 같은 의미로 사용됩니다.

아이슬란드 Iceland 수도 : 레이캬비크

노르웨이 Norway 수도 : 오슬로

러시아 Russia

서쪽으로는 발트해, 동쪽으로는 태평양과 맞닿아 있는 러시아는 워낙 땅이 넓어 양쪽 끝에 있는 지역들은 무려 11시간이나 시차가 나요. 17세기, 2m에 달하는 큰 키 때문에 표트르 대제로 불렸던 러시아의 군주 표트르 1세는 유럽 여행을 하면서 네덜란드 국기에 매료되었어요. 그래서 여행에서 돌아온 뒤 네덜란드 국기에서 단순히 색 순서만 바꾸어 러시아 국기를 만들고, 각각의 색에 새로운 의미를 부여했어요. 하얀색은 차르(러시아 황제의 칭호)의 색이 되었으며, 파란색은 고귀함, 붉은색은 국민을 뜻하는 색이 되었습니다.

이 색 조합은 슬라브 민족 국가들에서 널리 쓰이는 범슬라브색으로, 동유럽 여러 국가 국기들에 영향을 주었어요.

수도 : 모스크바
통화 : 루블
공용어 : 러시아어
면적 : 17,098,242㎢
인구 : 약 1억 4,225만 명
최고 높이 : 엘브루스산(5,633m)

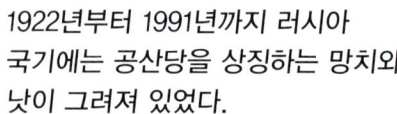

1922년부터 1991년까지 러시아 국기에는 공산당을 상징하는 망치와 낫이 그려져 있었다.

벨라루스 Belarus

동유럽 국가 벨라루스의 아이들은 국경일마다 붉은색의 화려한 무늬가 수놓인 길고 하얀 셔츠와 튜닉을 입어요. 이는 벨라루스의 전통 의상으로, 같은 무늬가 국기에도 들어가 있어 나라의 풍부한 문화유산을 자랑하지요.

국기에 쓰인 색들은 벨라루스의 정체성을 보여 주는 색들이에요. 빨간색은 벨라루스가 한때 공산주의 국가였음을 떠오르게 해요. 붉은색은 공산주의의 상징과도 같은 색이니까요. 초록색은 지금까지도 곰과 들소가 어슬렁거리는 벨라루스의 울창한 숲을 연상시켜요.

수도 : 민스크
통화 : 벨라루스 루블
공용어 : 벨라루스어, 러시아어
면적 : 207,600㎢
인구 : 약 955만 명
최고 높이 : 제르진스카야산(346m)

전통 자수는 전부 손으로 수를 놓은 것으로,
많은 노력과 뛰어난 손재주가 필요한 일이다.

슬로베니아 Slovenia

슬로베니아의 국장은 산악 지대인 슬로베니아의 지리적 특성을 묘사하고 있어요. 국장을 들여다보면 슬로베니아의 최고봉인 알프스 트리글라브산의 눈 덮인 봉우리 세 개를 발견할 수 있을 거예요. 그 아래로 보이는 물결 모양의 파란 줄들은 사바강과 드라바강을 나타내요.

그럼 짙푸른 하늘의 별들은 뭘까요? 온 힘을 다해 반짝이는 별들은 나라의 독립을 포함해 슬로베니아 역사에서 중요했던 세 가지 순간을 상징합니다. 하얀색·빨간색·파란색 줄무늬는 슬라브족 문화권에 속한다는 것을 보여 줍니다. 범슬라브색으로 알려진 이 색들은 러시아 국기에도 쓰이고 있어요.

수도 : 류블랴나
통화 : 유로
공용어 : 슬로베니아어
면적 : 20,273㎢
인구 : 약 197만 명
최고 높이 : 트리글라브산(2,864m)

불곰이 두려운가? 그럼 슬로베니아에는 불곰이 아주 많으니 조심해야 한다.

체코 Czech 수도 : 프라하

세르비아 Serbia 수도 : 베오그라드

파란색 · 하얀색 · 붉은색

러시아와 슬로베니아를 비롯해 슬라브 민족 국가들의 국기에 쓰이는 세 가지 색들을 범슬라브색이라고 불러요. 이 색들은 슬라브족의 뿌리·역사·문화를 상징합니다.

이 색들은 원래 러시아 제국 국기에서 유래된 것입니다.

최초로 이 삼색 국기를 채택한 슬라브족 국가인 러시아를 뒤따르는 것으로, 이 국가들은 자신들이 같은 정체성을 공유하고 있음을 보여 주고 있어요.

크로아티아 Croatia 수도 : 자그레브

슬로바키아 Slovakia 수도 : 브라티슬라바

에스토니아 Estonia

수도 : 탈린

에스토니아 국기의 파란색 줄무늬는 발트해가 연상돼요. 검은색은 이 평평한 국가의 어둡고 습한 땅을 나타내지요. 1년의 반은 이 땅을 하얗게 뒤덮고 있는 눈은 보이는 것처럼 하얀색 줄무늬로 묘사됩니다.

리투아니아 Lithuania

수도 : 빌뉴스

리투아니아 국기의 노란색 줄무늬는 빛과 밀밭을 떠오르게 하지만, 노란색은 이 나라 사람들의 관대함과 고귀함을 나타내는 색이기도 해요. 삼림은 생명과 자유의 색이기도 한 초록색 줄무늬로 표현되지요. 그리고 붉은색 줄무늬는 리투아니아 사람들이 튜턴, 러시아, 독일의 침략자들과 싸우는 동안 흘린 피를 상징합니다.

우크라이나 Ukraine

수도 : 키예프

우크라이나 국기의 색들은 우크라이나의 자연을 설명합니다. 파란색과 노란색 가로줄은 스텝 지대에서 자라는 밀과 그 위로 펼쳐진 파란 하늘을 상징해요. 밀은 우크라이나의 주요 수입원 가운데 하나입니다. 이 색들은 우크라이나의 국장에도 사용되는데, 바로 파란 들판 위 황금사자를 묘사한 것이에요.

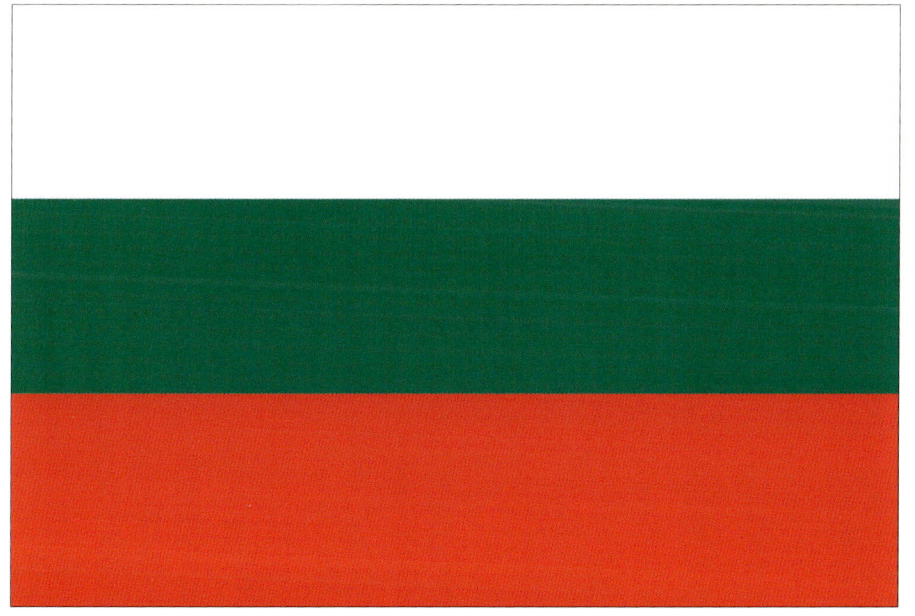

불가리아 Bulgaria

수도 : 소피아

불가리아 국기의 초록색은 불가리아의 풍부한 자원을 나타냅니다. 불가리아는 세계적으로 포도밭과 담배로 명성이 자자해요. 또한 세계에서 열여섯 번째로 큰 쌀 생산국이죠. 하얀색 줄무늬는 불가리아 동부 지역을 가로지르는 발칸산맥을 상징해요. 하지만 하얀색은 특별히 평화를 상징하기도 하는데, 5세기 동안 터키인들에게 지배를 받다가 독립한 불가리아 사람들이 아주 소중히 여기는 가치랍니다.

라트비아 Latvia

1180년 라트비아인들은 튜턴 기사단을 상대로 싸웠어요. 튜턴 기사단은 북유럽 십자군 원정대로 라트비아 사람들을 기독교로 개종시키려 했지요. 전설에 따르면 라트비아 병사들은 전투에 앞서 용기를 북돋우기 위해 블랙베리 즙으로 물들인 거대한 천막 아래 모였다고 합니다. 또한 라트비아 전사들의 옷은 전투에서 흘린 피로 서서히 검붉은 색으로 물들어 갔지요. 그래서 오늘날 라트비아인들은 큰 자부심을 가지고 자신들의 붉은색·하얀색·붉은색 국기를 흔든답니다. 하얀색은 라트비아인들이 중시하는 명예와 진실을 강조하고 있어요.

수도 : 리가
통화 : 유로
공용어 : 라트비아어
면적 : 64,589㎢
인구 : 약 194만 명
최고 높이 : 가이징칼른스산(312m)

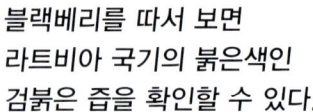

블랙베리를 따서 보면
라트비아 국기의 붉은색인
검붉은 즙을 확인할 수 있다.

폴란드 Poland

왜 폴란드, 인도네시아, 모나코처럼 각기 다른 국가들이 국기에 같은 색을 사용한 걸까요? 그 이유는 알려져 있지 않지만, 다행히도 폴란드는 다른 두 나라와는 반대로 하얀색이 위에, 빨간색이 아래에 있어요. 이 하얀색과 빨간색은 폴란드 왕실 문장에서 따온 것으로, 그 기원은 13세기까지 거슬러 올라갑니다. 왕관을 쓴 독수리 한 마리가 붉은색을 배경으로 하얀 날개를 펼치고 있는 모습이지요. 폴란드 사람들에게 독수리는 늘 용기·힘·위풍당당함의 상징이었습니다. 빨간색과 하얀색은 또한 폴란드가 속한 슬라브족의 정체성을 인정하는 것이기도 합니다.

수도 : 바르샤바
통화 : 즈워티
공용어 : 폴란드어
면적 : 312,685㎢
인구 : 약 3,847만 명
최고 높이 : 리시산(2,499m)

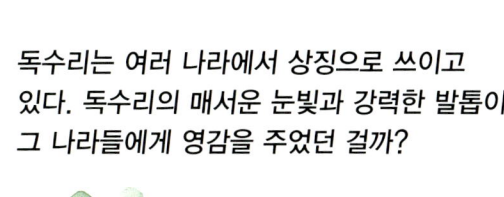

독수리는 여러 나라에서 상징으로 쓰이고 있다. 독수리의 매서운 눈빛과 강력한 발톱이 그 나라들에게 영감을 주었던 걸까?

독일 Germany

독일 국기의 3색 줄무늬는 프로이센(독일의 옛 지방 국가) 군인들이 1813년 라이프치히 전투에서 나폴레옹의 군대를 무찌르지 못했다면 생기지 않았을지도 몰라요.

그곳에서 싸운 용감하고 용맹한 군인들에 대한 존경의 표시로, 독일 의용군의 검은 군복·빨간색 옷깃·매우 화려한 금빛 단추, 이 세 가지 색이 독일 국기의 가로 줄무늬로 바뀐 것이지요. 기원을 알고 나면 유럽에서 가장 인구가 많은 나라의 국기를 효과적으로 기억할 수 있겠지요.

수도 : 베를린
통화 : 유로
공용어 : 독일어
면적 : 357,022㎢
인구 : 약 8,059만 명
최고 높이 : 추크슈피체산(2,963m)

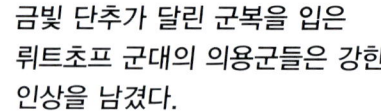

금빛 단추가 달린 군복을 입은 뤼트초프 군대의 의용군들은 강한 인상을 남겼다.

벨기에 Belgium

흔히들 벨기에와 독일 국기를 혼동하곤 해요. 바로 옆에 이웃한 두 나라 국기가 어떻게 서로 꼭 닮게 된 것일까요? 서로의 국기를 베낀 걸까요? 천만에요! 1831년에 만들어진 벨기에 국기는 브라반트공국 가문의 문장에서 영감을 받은 것이에요. 검은색을 배경으로 날카로운 붉은 발톱과 붉은 혀를 가진 황금 사자를 그린 문장이지요. 무시무시한 사자의 모습은 침입자를 겁주는 데 매우 효과적이었어요.

독일과 벨기에 국기가 서로 닮아 있긴 하지만, 다행히 줄무늬 방향이 달라요.

수도 : 브뤼셀
통화 : 유로
공용어 : 독일어, 프랑스어, 네덜란드어
면적 : 30,528㎢
인구 : 약 1,149만 명
최고 높이 : 보트랑주(694m)

브라반트공국은 힘과 권력을 의미하는 사자를 공국의 상징으로 채택했다.

영국 United Kingdom

영국 국기는 전 세계적으로 유명해서 따로 '유니언 잭'이라는 이름까지 가지고 있어요. 각종 패션 상품이나 인테리어 소품에도 많이 쓰여요. 최근에는 영국 록음악 CD의 커버에도 등장했지요. 어딜 가나 영국 국기를 볼 수 있어요.

영국 국기의 대각선을 이룬 색들이 무엇을 의미하는지 알고 있나요? 1603년, 스코틀랜드 왕이 잉글랜드 왕을 겸하게 되면서 두 왕국의 연합 국기가 탄생했어요. 파란 바탕 위에 잉글랜드의 수호성인인 성 조지의 붉은 십자가와, 스코틀랜드의 수호성인인 성 안드레아의 하얀 십자가를 겹쳐 놓았지요. 나중에 아일랜드의 수호성인인 성 패트릭의 십자가가 추가되었어요. 영국의 국가들 가운데 국기에 표현되지 않은 것은 웨일스뿐이에요. 유니언 잭은 또한 오스트레일리아·뉴질랜드·투발루·피지 같은 다른 나라 국기에도 들어가 있는 것을 볼 수 있어요.

수도 : 런던
통화 : 파운드
공용어 : 영어
면적 : 243,610㎢
인구 : 약 6,477만 명
최고 높이 : 벤네비스산(1,342m)

영국은 잉글랜드·스코틀랜드·웨일스·북아일랜드 네 나라로 구성되어 있다.

프랑스 France

1789년 7월 14일이었어요. 루이 16세의 정책에 분노한 파리 시민들이 파리 중심부에 있는 바스티유 감옥을 공격했어요. 당시 혁명가들은 파리 시의 색이기도 한 파란색과 붉은색이 들어간 '코케이드'라고 불리는 배지를 달고 있었지요. 그리고 바로 다음 날, 국기를 만들기로 결정되었고, 아주 당연하게 파란색과 빨간색이 선택되었습니다. 이 조합에 프랑스 왕정을 상징하는 하얀색이 추가되었지요. 하지만 하얀색을 중앙에 넣고 이제부터 권력을 가진 주체가 왕이 아닌 민중임을 나타내었어요.

프랑스의 3색 국기는 프랑스의 자유·평등·박애 개념을 흠모하는 여러 국가들에게 영향을 주었습니다.

수도 : 파리
통화 : 유로
공용어 : 프랑스어
면적 : 643,801㎢
인구 : 약 6,710만 명
최고 높이 : 몽블랑산(4,810m)

'상퀼로트'라고 불렸던 프랑스 혁명가들은 스타킹을 신고 반바지를 입었던 귀족들과 다르게 발목까지 오는 긴 바지를 입었다.

아일랜드 Ireland

아일랜드 국기가 가진 의미를 이해하기 위해서는 격변의 아일랜드 역사 속으로 깊이 들어가야 해요. 아일랜드는 수세기 동안 종교적 갈등을 겪었어요. 16세기에는 신교도였던 잉글랜드가 가톨릭인 아일랜드를 정복했어요. 아일랜드 영토 97%가 몰수되었고, 신교도 정착민들의 차지가 되었지요. 시민권과 종교권을 빼앗긴 아일랜드 사람들은 더 이상 가톨릭 신앙생활을 할 수 없었어요.

그런데 이런 일들이 아일랜드 국기와 무슨 관계가 있을까요? 아주 밀접한 관계가 있어요. 초록색은 가톨릭 운동을 상징하는 색이며, 주황색은 신교도의 상징적 지도자였던 오렌지공 윌리엄(William of Orange)의 색이에요. 그리고 이 두 가지 색을 연결하는 하얀색은 두 종교 간 평화를 바라는 희망의 상징이에요. 아일랜드 국기에는 희망의 메시지가 담겨 있는 것이지요.

수도 : 더블린
통화 : 유로
공용어 : 게일어, 영어
면적 : 70,273㎢
인구 : 약 501만 명
최고 높이 : 카라운투힐산(1,040m)

매년 3월 17일, 아일랜드 사람들은 전 세계 어디에 있든 자신들의 수호성인인 성 패트릭을 기념한다.

룩셈부르크 Luxembourg

프랑스나 네덜란드 국기가 룩셈부르크 국기에 영감을 준 걸까요? 주의 깊게 살펴보면 세 나라 국기가 서로 많이 닮아 있다는 걸 알아차릴 수 있을 거예요.

누군가는 룩셈부르크 국기가 네덜란드 국기를 모방한 것이라고 이야기해요. 두 나라가 같은 왕조, 즉 오라녜나사우 왕가(1815-1890)의 지배를 받은 탓에 룩셈부르크가 옛 군주에게 경의를 표하고 있는 것이라고요.

한편 프랑스 혁명의 북소리가 룩셈부르크까지 울려 퍼진 것이라고 말하는 사람들도 있어요. 대공국(Grand Duchy)이라고도 불리는 룩셈부르크는 삼색기를 채택함으로써 이웃나라의 자유 개념에 존경을 표한 것이라는 설명이지요. 자, 어떤 설명이 더 신뢰가 가나요?

수도 : 룩셈부르크
통화 : 유로
공용어 : 룩셈부르크어, 독일어, 프랑스어
면적 : 2,586km²
인구 : 약 59만 명
최고 높이 : 부르크플라츠(560m)

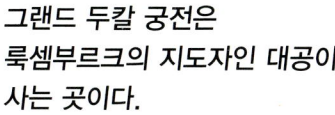

그랜드 두칼 궁전은 룩셈부르크의 지도자인 대공이 사는 곳이다.

헝가리 Hungary

수도 : 부다페스트

헝가리 국기에는 헝가리 사람들이 흘린 피의 흔적을 담고 있어요. 1848년 '국민들의 봄(Springtime of the Peoples)'이라고 불린 혁명 기간 동안 혁명가들은 프랑스 혁명에 대한 경의의 표시로 자신들의 깃발 색깔로 빨간색과 하얀색을 선택했지요. 하지만 파란색 대신, 그 자리에 헝가리 국장의 색 가운데 하나인 초록색을 넣었어요. 낭만주의 시대에 민속학자들이 각각의 색에 덕목을 부여했는데, 빨간색은 힘, 하얀색은 신뢰, 초록색은 희망이었답니다.

오스트리아 Austria

수도 : 빈

전설에 따르면 이슬람교도와의 전쟁 중에 오스트리아 바벤베르크 공의 하얀 전투복이 허리띠로 감싼 중간 부분을 제외하고 온통 피로 물들었다고 해요. 이 사실을 발견하고 크게 감동한 바벤베르크 공은 자신의 군기를 빨간색과 하얀색으로 디자인하기로 결심했지요. 이 줄무늬 군기는 후에 오스트리아의 국기로 채택되었답니다.

루마니아 Romania

수도 : 부쿠레슈티

 드라큘라의 나라로 유명한 루마니아 국기의 줄무늬들은 루마니아가 탄생하기 전 각기 다른 나라였던 세 지역인 트란실바니아·왈라키아·몰다비아(현재는 몰다비아의 서쪽 지역만 루마니아로 남아 있다)를 의미해요. 국기의 굵은 줄무늬에는 이제 아무런 장식도 없지만, 한때 왕실 문장이, 후에는 공산당의 상징이 포함된 적도 있지요.

몰도바 Moldova

수도 : 키시너우

 광활한 초원이 지평선까지 뻗어 있는 나라 몰도바의 전설에 따르면 드라고스 왕자가 카르파티아 산맥에서 오록스(소의 조상)를 사냥하고 있었다고 해요. 사냥을 하던 중에 왕자의 사냥개 '몰다'가 강에 빠져 죽었고, 드라고스는 자신의 사냥개를 기리며 강의 이름을 몰도바라고 지었다고 합니다. 몰도바라는 이름은 강을 넘어 나라의 이름이 되었지요. 오늘날 국기에 등장하는 오록스는 이 전설과 관계가 있어요.

네덜란드 Netherlands

16세기, 네덜란드 연방 공화국은 섬유 산업이 발달한 부유한 나라였어요. 당시 네덜란드 상인들은 인도 제국에서 생산되는 실크·향신료·차 같은 다양한 보물들에 관심을 가졌어요. 곧이어 배들이 남아프리카, 인도네시아, 중국 그리고 멀리 일본을 향해 떠났지요.

1584년 오렌지공 윌리엄(William of Orange)은 전 세계에 자신의 나라가 어떤 나라인지 분명히 보여 주고자 깃발을 만들기로 했어요. 그는 깃발에 공작기라는 뜻의 '프린센플라흐(Prinsenvlag)'라는 이름도 지어 주었지요. 오늘날 국경일이면 오렌지가에 대한 경의의 표시로 가느다란 주황색 깃발을 네덜란드 삼색기와 함께 내건답니다.

수도 : 암스테르담
통화 : 유로
공용어 : 네덜란드어
면적 : 41,543㎢
인구 : 약 1,708만 명
최고 높이 : 팔제르베르크(321m)

네덜란드는 전 세계에 튤립을 수출한다.

스페인 Spain

붉은색과 노란색, 스페인의 가장 오래된 두 왕국(붉은색의 카스티야와 노란색의 아라곤)이 하나로 연합하여 스페인 국가를 형성했어요. 1469년에 있었던 카스티야의 여왕 이사벨라와 아라곤의 왕 페르디난드의 결혼식을 머릿속으로 한번 그려 보아요. 이사벨라의 백성들은 금색과 붉은색으로 차려 입었고, 페르디난드의 백성들은 노란색 옷을 차려 입었어요. 그리고 그렇게 스페인 국기의 색들이 탄생한 거예요.

훗날 다른 왕국의 문장들도 국기에 추가되었어요. 성은 카스티야, 황금 사슬은 나바라, 석류는 그레나다 왕국, 노란색 바탕에 네 개의 붉은 줄은 아라곤의 왕관을 나타내요. 또한 사자는 레온 왕국, 중앙에 있는 세 개의 백합 문장은 오늘날까지 스페인을 지배하는 부르봉-앙주 가문을 상징합니다.

수도 : 마드리드
통화 : 유로
공용어 : 스페인어
면적 : 505,370㎢
인구 : 약 4,896만 명
최고 높이 : 물라센(3,478m)

투우는 스페인의 문화유산 가운데 하나이다. 투우사는 오직 빨간 망토와 칼만 써서 소와 맞선다.

포르투갈 Portugal

아프리카 희망봉을 거쳐 인도까지 가는 항로를 발견한 유명한 포르투갈 탐험가이자 해군 사령관이었던 바스쿠 다 가마의 이름은 아마 익숙할 거예요. 그럼 흔히 '항해왕 헨리'로 불리는, 바스쿠 다 가마만큼이나 유명한 '동 엔리케'는 어떤가요?

엔리케의 좌우명은 "수평선 너머로 가자"로, 그가 마데이라 제도와 아조레스 제도를 발견했을 때 나온 말이에요. 포르투갈 국기에 있는 혼천의를 찾을 수 있겠어요? 이 천문 도구는 미지의 영역을 찾아 세계를 누볐던 위대한 포르투갈 탐험가들을 생각나게 하지요. 유럽 대륙의 서쪽 끝인 이베리아 반도에 위치한 포르투갈과 포르투갈의 뱃사람들은 세계 탐험의 선두에 있었어요.

수도 : 리스본
통화 : 유로
공용어 : 포르투갈어
면적 : 92,090㎢
인구 : 약 1,084만 명
최고 높이 : 에스트렐라산(1,993m)

카라벨선(15~16세기 탐험에 사용되던 작은 범선)이 바다를 오가던 시기에 혼천의는 항해에 꼭 필요한 도구였다.

산마리노 San Marino

산마리노는 유럽에서 가장 작은 나라 가운데 하나예요. 지도에서 산마리노를 찾으려면 예리한 관찰력이 필요해요. 힌트를 주자면, 먼저 이탈리아 장화의 북동쪽 해안을 찾아보세요. 아페닌 산맥 옆에 붙은, 대충 삼각형 형태를 한 조그만 지역이 보일 거예요.

산마리노 국기의 파란색과 하얀색의 조합은 구름 한 점 없는 산마리노의 하늘 아래 녹고 있는 티타노산의 눈을 나타내요.

국기 중앙에는 국가의 무기가 등장해요. 왕관은 군주제를 상징하는 것이라고 넘겨짚기 쉽지만, 실은 국민 주권을 상징하는 것이에요. 사실 산마리노는 세계에서 가장 오랜 역사를 가진 공화국이며, 국기에 쓰인 리베르타스(Libertas)라는 단어는 자국의 독립을 지키려는 사람들의 의지를 상징합니다.

수도 : 산마리노
통화 : 유로
공용어 : 이탈리아어
면적 : 61㎢
인구 : 약 3만 명
최고 높이 : 티타노산(749m)

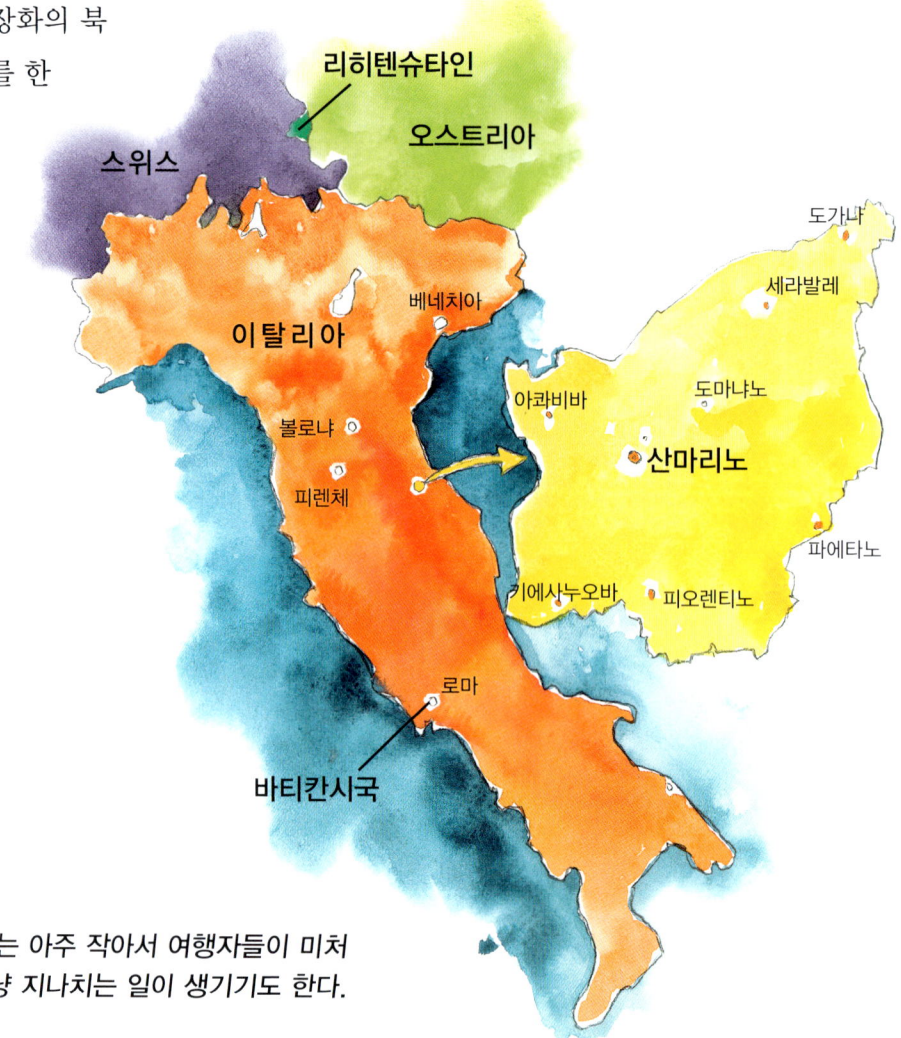

산마리노는 아주 작아서 여행자들이 미처 깨닫기도 전에 그냥 지나치는 일이 생기기도 한다.

몰타 Malta

몰타는 지중해 한가운데, 유럽·중동·북아프리카 사이에 위치한 군도예요. 전략적 요충지인 까닭에 여러 분쟁에서 중요한 해군 기지로 활용되었지요.

하얀색과 빨간색은 몰타 기사단의 색으로, 몰타 기사단은 1530년 스페인의 카를로스 1세가 이 섬에 세운 가톨릭 인도주의 기관이에요.

제2차 세계 대전 중에 몰타는 연합국(프랑스·영국·미국) 편에서 싸웠어요. 잉글랜드의 조지 6세는 몰타 사람들에게 경의를 표하기 위해 조지 십자 훈장을 수여했는데, 그 모양은 국기 왼쪽 상단 모서리에서 확인할 수 있어요. 거기에는 '용맹을 위해(For Gallantry)'라고 적혀 있지요.

수도 : 발레타
통화 : 유로
공용어 : 몰타어, 영어
면적 : 316㎢
인구 : 약 41만 명
최고 높이 : 타드메레크(253m)

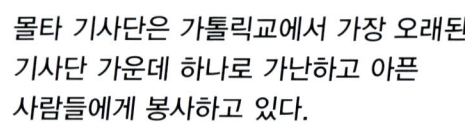

몰타 기사단은 가톨릭교에서 가장 오래된 기사단 가운데 하나로 가난하고 아픈 사람들에게 봉사하고 있다.

바티칸시국 Vatican City State
수도 : 바티칸

리히텐슈타인 Liechtenstein
수도 : 파두츠

유럽에서 가장 작은 나라를 뽑는 대회가 있다면 **바티칸시국**이 1등이에요. 이탈리아의 수도 로마 안에 있는 바티칸시국의 면적은 겨우 0.44㎢랍니다.

프랑스 남동부 지중해에 면한 **모나코**의 면적은 2㎢로, 아주 작은 차이로 2등이에요.

다음은 면적이 61㎢인 세계에서 가장 오래된 공화국인 **산마리노**예요.

오스트리아와 스위스 사이에 위치한 **리히텐슈타인**이 160㎢로 4등이에요.

지중해 가운데의 섬나라 **몰타**는 316㎢로 그 뒤를 잇고 있어요.

안도라는 면적 486㎢로, 세계에서 가장 작은 나라들 가운데 가장 크답니다.

모나코 Monaco   **수도** : 모나코

안도라 Andorra   **수도** : 안도라라베야

이탈리아 Italy

전 세계 누구나 미켈란젤로·레오나르도 다빈치·보티첼리 같은 위대한 예술가를 낳은 이탈리아에 대해 알고 있어요. 그리고 물론 이탈리아 하면 맛있는 피자와 볼로네즈 스파게티도 빠질 수 없지요. 하지만 '장화'의 땅(장화같이 생긴 땅 모양 때문에 이탈리아에 붙여진 별명)은 수많은 정치적, 군사적 분쟁을 겪었으며, 이탈리아의 독립을 위해 싸운 주세페 가리발디라는 국제적으로 잘 알려진 영웅이 있어요. 남미에서 일어난 혁명 투쟁에도 관여하면서 흔히 '두 세계의 영웅'이라고 불린 가리발디였지만 이탈리아 국기의 생성과는 아무런 관련이 없어요. 세계 여러 나라의 국기들과 마찬가지로, 이탈리아 국기도 자유·평등·박애라는 혁명 가치들을 상징하는 프랑스 국기에서 영감을 받았어요. 이탈리아 국기는 프랑스 국기의 파란색을 초록색으로 대체했지요. 몇몇 사람들은 그것이 나폴레옹 보나파르트의 결정이었다고 주장하기도 한답니다.

수도 : 로마
통화 : 유로
공용어 : 이탈리아어
면적 : 301,340㎢
인구 : 약 6,214만 명
최고 높이 : 몽블랑산(4,765m)

'두 세계의 영웅'이라 불리는 가리발디.

스위스 Switzerland

 스위스는 독특한 정사각형 모양에 중앙에 하얀 십자가가 있는 매우 특이한 국기를 가지고 있어요. 십자가는 어디서 유래한 것일까요?

 그 해답은 역사 속에서 찾을 수 있어요. 스위스라는 나라 이름은 슈비츠주라는 지역 명에서 따온 것이에요. 1339년, 이 슈비츠 출신의 군인들은 나라의 자유를 지키기 위해 전쟁터로 떠났어요. 이때 하얀색 십자가가 그려진 슈비츠주의 깃발을 군복에 꿰매 달았지요. 시간이 흐르고, 스위스인들은 이 십자가를 평화와 통합의 상징으로 받아들였어요. 이 알프스의 나라에서 평화와 중립은 갈등의 시간 속에서도 그들에게 번영을 가져다주었기 때문이지요.

 스위스 국기를 색깔이 반대로(하얀색 바탕에 빨간 십자가) 되어 있는 적십자기와 혼동하는 일은 없길 바랍니다. 1863년 앙리 뒤낭이 창설한 국제적십자사는 세계에서 가장 중요한 인도주의 기관으로 널리 인정받고 있어요.

수도 : 베른
통화 : 스위스 프랑
공용어 : 독일어, 프랑스어, 이탈리아어, 로망슈어
면적 : 41,277㎢
인구 : 약 823만 명
최고 높이 : 두포우르슈피체(4,634m)

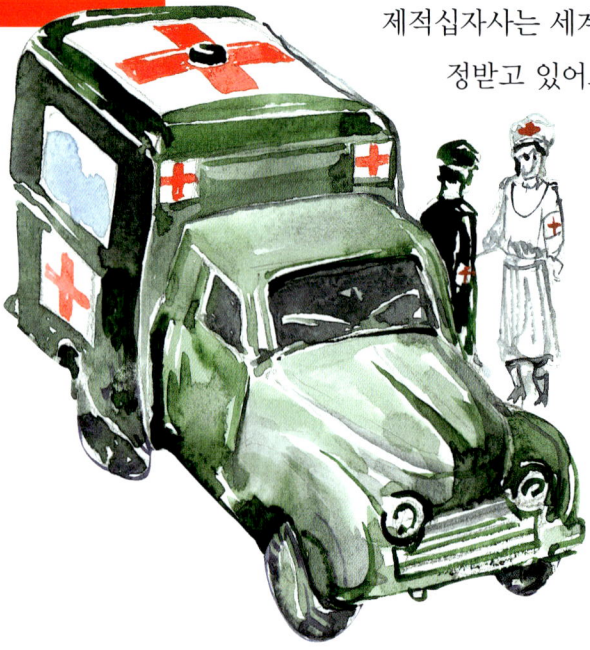

스위스의 앙리 뒤낭이 창설한 적십자사의 깃발은 스위스 국기와 색깔이 반대로 되어 있다.

그리스 Greece

전형적인 그리스의 풍경은 짙푸른 바다를 내려다보는 반짝거리는 하얀 건물들이 특징이에요. 그리스와 떼려야 뗄 수 없는 이 색깔들은 9개의 파랗고 하얀 줄무늬 형태로 그리스 국기에 그대로 녹아 있어요.

이 9라는 숫자가 마구잡이로 선택되었다고 생각하나요? 그럴 리가! '자유가 아니면 죽음을(Ελευθερία ή θάνατος)'이라는 그리스어 9음절을 상징하는 것으로, 이 표현은 터키의 폭정에 맞선 독립 투쟁의 구호였어요. 그리스는 1821년까지 터키 사람들의 지배를 받았어요.

그리스의 동방 정교회 신앙을 나타내기 위해 국기 속에 십자가도 들어가 있어요.

수도 : 아테네
통화 : 유로
공용어 : 그리스어
면적 : 131,957㎢
인구 : 1,077만 명
최고 높이 : 올림퍼스산(2,904m)

바람이 많이 부는 키클라데스 제도의 미코노스섬에는 풍차가 아주 많다.

키프로스 Cyprus

키프로스 국기에 있는 것이 이 나라의 윤곽일까요? 맞아요. 사실 키프로스는 국기에 지리적 형태를 집어 넣은 유일한 나라예요.

그렇다면 어째서 황토색으로 그린 것일까요? 터키 해안과 가까운 지중해에 위치한 키프로스섬은 로마 시대부터 주황색 금속인 구리의 산지로 유명했어요. 게다가 이 섬의 이름은 라틴어로 구리를 뜻하는 '아에스 퀴프리움(aes cyprium)'에서 유래되었답니다.

수도 : 니코시아
통화 : 유로
공용어 : 그리스어, 터키어
면적 : 9,251㎢
인구 : 약 118만 명
최고 높이 : 올림퍼스산(1,953m)

빙글빙글 도는 수피교도 수도승의 길고 치렁치렁한 치마와 그리스 의회 경비대의 짧고 불룩한 치마는 키프로스 사람들의 두 가지 측면을 보여 준다.

여기 구 유고슬라비아 국가들의 국기들이 있어요.

마케도니아에서는 크고 노란 태양이 사람들을 비추고 있어요. 국기에 표현된 그 태양은 빛·행복·자유를 상징해요.

몬테네그로의 국기에는 니콜라스 1세의 문장에서 나온 왕관을 쓴 독수리가 그려져 있어요.

알바니아 국기의 독수리는 머리가 두 개예요. 전설에 따르면, 알바니아인들은 이 신화 속 새의 자손들이에요.

보스니아헤르체고비나 국기에서는 희망과 평화를 상징하는 황금빛 삼각형이 가장 두드러져요. 전쟁으로 황폐해진 이 나라는 유럽 연합의 색과 별들을 국기에 채택했어요.

마케도니아 Macedonia 수도 : 스코페

몬테네그로 Montenegro
수도 : 포드고리차

알바니아 Albania 수도 : 티라나

보스니아헤르체고비나
Bosnia and Herzegovina 수도 : 사라예보

아메리카 America

캐나다 Canada

 단풍나무 잎은 캐나다인들이 '인디언 서머'라고 부르는 가을이 되면 빨갛게 변해요. 유명한 메이플 시럽은 바로 이 위풍당당한 단풍나무에서 추출됩니다. 숲이 국토의 상당 부분을 덮고 있는 이 커다란 나라에 딱 어울리는 상징물이죠.

 이누이트족들이 사는 캐나다 북극 지방의 툰드라 지대와 세계에서 가장 큰 만인 허드슨만 주변 지대처럼 눈 덮인 지역들은 캐나다 국기에서 하얀색 줄로 상징돼요. 빨간색은 제1차 세계 대전에서 목숨을 잃은 군인들을 기리는 것이지요. 이 국기가 결정되기까지 무려 18년이라는 검토 기간이 소요되었고 1,500여 개의 제출안 중에서 뽑혔다는 사실을 알고 있었나요?

수도 : 오타와
통화 : 캐나다 달러
공용어 : 영어, 프랑스어
면적 : 9,984,670㎢
인구 : 약 3,562만 명
최고 높이 : 로건산(6,050m)

단풍나무 시럽을 생산하기 위해
초봄에 나무 수액을 추출한다.
이 수액을 데우면 시럽이 된다.

미국 United States of America

　이 유명한 삼색기에는 50개의 별과 13개의 줄무늬가 있어요. '성조기(Stars and Stripes)'라는 별칭을 가진 이 국기는 단연코 세계에서 가장 유명한 국기 가운데 하나예요.

　별들은 미국 주 숫자를 나타내요. 1867년에 미국이 단돈 7,200,000달러를 주고 러시아로부터 산 알래스카가 49번째, 마지막으로 합류한 하와이가 50번째 별이 되었지요. 13개의 줄무늬는 연방에 처음부터 속해 있던 13개 식민지에 해당합니다. 하얀색 줄무늬는 정직을 뜻하고, 빨간색은 용기와 열정을 뜻하지요. 파란색 직사각형은 충성·우정·정의를 상징합니다. 정말 아름다운 메시지죠?

수도 : 워싱턴 D.C.
통화 : 미국 달러
공용어 : 영어
면적 : 9,833,517㎢
인구 : 약 3억 2,662만 명
최고 높이 : 매킨리산(6,198m, 알래스카)

1969년 7월 20일, 미국인 우주 비행사 닐 암스트롱이 달 표면을 걷고 미국 국기를 꽂았다.

쿠바 Cuba

'카리브해의 악어'라고 들어 본 적 있나요? 악어라고 무서워할 필요는 없어요. 기다란 섬 모양 때문에 쿠바섬에 붙여진 별명일 뿐이니까요. 이 멋진 별명을 가지고 국기를 만들어도 멋있지 않았을까요?

하지만 1902년 쿠바의 독립을 기념하기 위해 최종적으로 선택된 건 자유의 별이었어요. 그렇게 해서 외로운 별(la Estrella Solitaria)은 자유를 향해 가는 사람들의 길을 밝히고 있어요.

쿠바 국기는 거대한 이웃이자 더 거대한 적이기도 한 미국의 국기에서 영감을 받은 것이에요. 쿠바의 경우, 파란색 줄무늬는 최초에 있었던 3개의 주를 나타내고, 하얀색은 혁명의 이상과 정의의 순수성을 상징해요.

유명한 혁명가 피델 카스트로가 1959년부터 2008년까지 쿠바섬을 통치했고, 동생이 그의 자리를 이어받았어요.

수도 : 아바나
통화 : 쿠바 페소
공용어 : 스페인어
면적 : 110,860㎢
인구 : 약 1,115만 명
최고 높이 : 투르키노봉(1,974m)

'체(Che)'라는 별명을 가진 체 게바라는 쿠바 혁명에서 전 쿠바 대통령 피델 카스트로와 함께 싸웠다.

파나마 Panama

수도 : 파나마시티

국기에서 파란색으로 상징되는 대서양과 태평양은 파나마에서 길이가 64㎞나 되는 운하로 연결되어 있어요. 바로 그 유명한 파나마 운하예요. 빨간색과 파란색 직사각형은 파나마의 두 주요 정당을 나타내며, 평화의 상징인 하얀색은 이 둘을 이어 주는 역할을 하고 있어요.

칠레 Chile

수도 : 산티아고

칠레 국기에서 하얀색은 눈 덮인 안데스산맥의 봉우리들을 상징하고 있어요. 안데스산맥은 남아메리카 남쪽 끝에서 북쪽 끝까지 이르는 장장 7,000㎞가 넘는 산맥이지요. 칠레 국기에서 단 하나 있는 별은 (50개 주에 해당하는 50개의 별들로 채워진 미국 국기와는 다르게) 통일된 공화국이 연상되지요.

파라과이 Paraguay

　파라과이 국기는 세계에서 유일하게 양면이 모두 있어요. 거기다 앞면과 뒷면이 달라요. 파라과이 사람들이 두 가지 디자인 가운데 하나를 고르지 못했던 것일까요? 사실이에요. 양쪽 다 아주 특별한 의미를 가지고 있기 때문이지요.

　앞면에 있는 '5월의 별'은 1811년 스페인으로부터의 독립을 상징해요. 뒷면의 황금 사자는 자유의 상징물인 '프리지아 모자'를 지키고 있어요. 프리지아 모자는 프랑스 혁명 때도 자유의 상징으로 쓰였지요. 게다가 파라과이는 프랑스의 삼색기를 채택했어요. '인간과 시민에 관한 권리 선언'을 선포한 나라에 대한 존경의 표시로 선택한 것이지요.

수도 : 아순시온
통화 : 과라니
공용어 : 스페인어, 과라니어
면적 : 406,752㎢
인구 : 약 694만 명
최고 높이 : 산라파엘산(850m)

275개의 크고 작은 폭포로 이루어진 이구아수 폭포는 너비가 3㎞나 되는데, 이는 나이아가라 폭포의 3배에 달한다. 이구아수강은 파라과이, 브라질, 아르헨티나를 거쳐 흐른다.

앤티가바부다
Antigua and Barbuda

앤티가바부다가 1967년 독립 국가가 된 이래로, 이 나라의 국기는 줄곧 자연을 표현해 왔어요. 찬란한 빛을 내뿜으며 떠오른 아름다운 태양이 카리브해의 푸른 물과 하얀 모래 해변 위로 반짝이고 있어요. 휴가를 떠나고 싶은 마음이 굴뚝같죠?

새까만 하늘은 한때 사탕수수밭과 담배밭에서 힘들게 일하던 아프리카 출신 노예들을 나타낸 것이에요. 이 암울한 과거와 결별한다는 의미로 두 개의 빨간색 삼각형이 모여 V자를 만들고 있어요. 대영 제국의 일부였던 이 섬나라가 큰 희생을 치르고 얻게 된 승리(Victory)라는 단어가 떠오르지요.

수도 : 세인트존스
통화 : 동카리브 달러
공용어 : 영어
면적 : 443㎢
인구 : 약 9만 명
최고 높이 : 보기봉(403m)

한때 이 섬의 지주들은 농장에서 일할 흑인 노예들을 서아프리카에서 데려왔다.

바하마 Bahamas

낙원에 온 걸 환영해요. 모래사장의 야자나무 그늘에 들어와요. 어디를 봐도 온통 바다가 펼쳐져 있을 거예요. 꿈꾸는 게 아니랍니다. 바하마에 있으면 가능해요. 국기의 노란색은 바하마의 모래사장이 연상되고, 청록색은 늘 푸른 바다의 색을 상징해요.

검은 삼각형은 아프리카에서 온 이 섬의 주민들을 연상시켜요. 북아메리카 여러 나라에서 노예로 살다가 해방된 사람들은 17세기에 이곳에 도착했어요. 당시 해골과 엇갈린 뼈가 그려진 검은 해적 깃발을 단 배들이 바다를 장악하고는 금과 귀금속을 가득 채운 스페인 배들을 찾아다녔어요. 물론 요즘은 바하마의 섬들 사이를 평화롭게 오갈 수 있지요. 하지만 뉴프로비던스섬에는 아직도 세계에서 가장 유명한 해적이었던 '검은 수염'의 망루가 서 있어요.

수도 : 나소
통화 : 바하마 달러
공용어 : 영어
면적 : 13,880㎢
인구 : 약 33만 명
최고 높이 : 앨버니아산(63m)

검은 수염은 이 지역 해적들의 우두머리가 되었으며, 스스로를 '해적 공화국의 판사'라고 칭했다.

도미니카연방
The Commonwealth of Dominica

1988년부터 도미니카연방 국기에 딱 버티고 있는 새를 한번 보세요. 이 지역 토종 새인 황제아마존앵무는 지구상 다른 어느 곳에도 없는 멸종 위기 새랍니다. 국가의 정치 성향이 사회주의로 바뀌면서, 그때까지 오른쪽을 바라보던 새도 왼쪽을 향해 돌아섰어요. 정권이 바뀔 때마다 태도가 180도 바뀌는 새이지요.

십자가는 기독교, 더 정확히는 삼위일체를 상징해요. 십자가를 이루는 세 가지 색에도 각각의 의미가 있어요. 하얀색은 도미니카의 수많은 폭포와 강을 연상시키죠. 태양처럼 밝은 노란색은 이 섬에 살던 카리브해 원주민을, 검은색은 노예의 후손인 아프리카계 인구를 나타내요. 초록색 바탕은 이 뜨겁고 습한 지역의 무성한 초목들을 상징한답니다.

수도 : 로조
통화 : 동카리브 달러
공용어 : 영어
면적 : 751㎢
인구 : 약 7만 명
최고 높이 : 디아블로틴산(1,447m)

이 식물은 절대 야자나무가 아니다. 바로 나무고사리다. 이 열대 식물은 무려 6m 넘게 자랄 수 있다.

세인트루시아 Saint Lucia

수도 : 캐스트리스

오직 세인트루시아섬에서만 사는 세인트루시아 앵무새를 알고 있나요? 아마 모를 거예요. 이 새는 희귀 동물이 되었으니까요. 여기, 세인트루시아섬의 국기에서 하늘과 바다는 하나로 합쳐져 새파란 색이 되었어요. 검고 날카로운 삼각형은 섬의 바위투성이 봉우리들을 상징하는데, 그중에는 화산도 있어요. 가운데 자리한 노란색은 고요한 세인트루시아 해변의 금빛 모래를 상징해요.

바베이도스 Barbados

수도 : 브리지타운

바베이도스 국기에서 노란색으로 상징되는 금빛 모래는 바다가 연상되는 진한 파랑으로 둘러싸여 있어요. 가운데 있는 삼지창은 물속에 물고기들이 그득하다는 뜻일까요? 그럴 거예요. 이 창은 물고기를 찔러 잡는 데 사용되니까요. 삼지창은 바다를 상징하기도 해요. 로마 신화에 나오는 바다의 신 포세이돈은 언제나 삼지창을 손에 든 모습으로 나타나지요.

멕시코 Mexico

수 세기 전, 정확히는 1325년에 멕시코 북부에 살던 사람들은 새로운 도시를 건설할 이상적인 장소를 찾고 있었어요. 아즈텍족의 신 위칠로포츠틀리가 예언하기를, 그들의 위대한 도시가 세워질 장소를 알려 주는 신호를 받게 될 거라고 했지요. 모든 게 예언대로 일어났어요. 독수리 한 마리가 뱀을 물고 하늘에서 내려와 백년초 위에 앉았어요. 유목민들은 그곳에 그들의 도시를 세우고 테노치티틀란이라는 이름을 붙였지요. 이곳이 훗날 멕시코의 수도인 멕시코시티가 되었어요. 이 전설은 멕시코 국기 중앙에 그대로 재현되어 있답니다.

수도 : 멕시코시티
통화 : 멕시코 페소
공용어 : 스페인어
면적 : 1,964,375㎢
인구 : 약 1억 2,457만 명
최고 높이 : 오리사바산(5,700m)

15세기 아즈텍족은 대제국을 건설했다.
이들의 뛰어난 건축 능력은 그들이 세운
피라미드에서 분명히 드러난다.

볼리비아 Bolivia

볼리비아의 수도인 라파스에 대해 들어 본 적 있나요? 고도 3,658m에 위치한 세계에서 가장 높은 도시에요! 고도가 4,000m에 달하는 알티플라노 고원부터 북동부의 대초원까지, 볼리비아의 심토에는 광물질이 풍부하게 매장되어 있어요. 주석·은·석유·가스는 이 고대 잉카 문명 국가의 주요 자원이에요. 이런 보물들은 매우 가치 있는 것이어서 국기에 보란 듯이 노란색 줄무늬로 표현하고 있지요. 볼리비아의 국기는 또한 담배·사탕수수·바나나·코카나무가 나는 볼리비아의 비옥한 토양을 찬양하고 있어요. 이것은 초록색 줄무늬로 표현하고 있지요. 밝은 빨간색 줄무늬는 볼리비아 사람들의 용기, 나라를 위하는 희생정신과 사랑을 상징해요. 그런데 볼리비아 국기와 가나 국기가 놀랍도록 닮았다는 사실을 알고 있나요? 다행히 구별할 수 있도록 가나 국기에는 별이 하나 있어요.

수도 : 라파스
통화 : 볼리비아노
공용어 : 스페인어, 케추아어, 아이마라어
면적 : 1,098,581km²
인구 : 약 1,114만 명
최고 높이 : 사하마산(6,542m)

해발고도 3810m에 위치한 티티카카호는 세계에서 배가 다닐 수 있는 가장 높은 호수다.

페루 Peru

"저기 자유의 깃발이 간다!"

호세 산마르틴 장군은 홍학 떼를 발견한 순간 소리쳤어요. 홍학은 하얀 가슴과 가장자리가 붉은색인 날개를 가진 커다란 섭금류 새죠. 페루 국기는 1820년 스페인과의 전쟁 중에 구상된 것이라고 해요. 페루 국가 문장은 이 나라의 동식물들을 찬양하고 있어요. 오른쪽에 있는 나무는 기나나무로, 곤충을 통해 전염되어 심각한 열병을 일으키는 말라리아의 치료에 쓰이죠. 왼쪽에 있는 라마는 페루를 가로지르는 거대한 안데스산맥을 상징해요. 아래쪽 풍요의 뿔은 이 고대 잉카 제국의 천연자원을 떠올리게 합니다.

수도 : 리마
통화 : 솔
공용어 : 스페인어, 케추아어, 아이마라어
면적 : 1,285,216㎢
인구 : 약 3,103만 명
최고 높이 : 우아스카란산(6,768m)

홍학은 몸길이가 1.5m나 되는 커다란 새다.
분홍빛을 띠는 것은 홍학들이 먹는
갑각류에 원인이 있다.

코스타리카 Costa Rica

항해 중인 두 척의 배는 바다에서 세계를 정복하고자 하는 코스타리카의 야망을 표현한 것이에요. 이 두 척의 배는 코스타리카를 사이에 두고 양쪽에서 카리브해와 대서양을 지나고 있어요. 세 개의 산은 코스타리카에 있는 세 개의 산맥을 나타내요. 코스타리카에 아직도 몇 개의 활화산이 있다는 사실을 알고 있나요? 활화산 가까이에는 가지 않는 게 좋아요.

국기의 빨간 줄무늬는 프랑스 혁명에 대한 존경의 표시라고 해요. 코스타리카는 하얀색 줄무늬로 표현되는데, 이 나라가 파란색으로 상징되는 대서양과 태평양 사이에 위치하고 있단 걸 알 수 있어요.

수도 : 산호세
통화 : 코스타리카 콜론
공용어 : 스페인어
면적 : 51,100㎢
인구 : 약 493만 명
최고 높이 : 치리포산(3,819m)

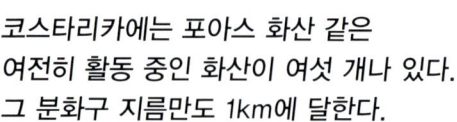

코스타리카에는 포아스 화산 같은 여전히 활동 중인 화산이 여섯 개나 있다. 그 분화구 지름만도 1km에 달한다.

온두라스 Honduras 수도 : 테구시갈파

과테말라 Guatemala 수도 : 과테말라시티

왜 이들 나라 국기에 모두 파란 줄무늬 두 줄과 하얀 줄무늬 한 줄이 사용되는지 알고 있나요?

코스타리카와 함께 이들 나라가 19세기 **중앙아메리카연방**이라고 불리는 연방 국가의 구성원이었기 때문이에요. 통합의 상징으로 국기에 같은 색깔을 집어넣은 것이지요. 하얀색은 중앙아메리카를, 파란색은 지도에 있는 것처럼 양쪽 해안을 흐르는 두 개의 바다를 상징해요.

엘살바도르 El Salvador 수도 : 산살바도르

니카라과 Nicaragua 수도 : 마나과

벨리즈 Belize

Sub umbra floreo(그늘 아래에서 나는 번창한다)가 벨리즈 국기에 있는 표어예요. 벨리즈 국토의 반이 열대림으로 덮여 있는 걸 생각하면 그리 새삼스러울 것도 없어요. 국가 문장 중앙에 보이는 마호가니 나무는 벨리즈의 주요한 천연자원이에요. 붉은 마호가니 목재는 가구·바이올린·기타 등을 만드는 데 쓰이죠.

도끼·톱·노·배는 벨리즈의 목공 산업과 해양 활동을 상징해요. 그리고 벨리즈 인구가 흑인·백인·혼혈인으로 구성된 까닭에 국가 문장에는 백인과 흑인이 함께 있어요.

수도 : 벨모판
통화 : 벨리즈 달러
공용어 : 영어
면적 : 22,966㎢
인구 : 약 36만 명
최고 높이 : 빅토리아 피크(1,122m)

벨리즈의 삼림에는 마호가니 나무도 포함되어 있다. 단단하고 값비싼 마호가니 목재는 찾는 사람들이 많다.

아르헨티나 Argentina

아르헨티나 국기에서는 태양이 밝게 빛나요. 이 태양은 '5월의 태양(El Sol de Mayo)'이라는 이름도 있지요. 5월의 태양은 1810년 5월 독립 투쟁이 시작된 날을 의미하는 것이에요. 하지만 태양에 속지 마세요. 국기의 하얀 줄무늬가 말해 주듯, 이 안데스산맥 국가에는 꽤 많은 양의 눈이 내리니까요. 아르헨티나는 세계에서 가장 긴 산맥인 안데스산맥과 나란히 이어져 있는 나라예요.

팜파스·티에라델푸에고·파타고니아를 잇는 넓은 지역 위로 펼쳐진 맑고 깨끗한 하늘도 국기에서 그 모습을 찾을 수 있지요. 이미 짐작했을 수도 있지만, 아르헨티나 국기는 이웃 나라 우루과이의 국기에 아주 큰 영감을 주었답니다.

수도 : 부에노스아이레스
통화 : 아르헨티나 페소
공용어 : 스페인어
면적 : 2,780,400㎢
인구 : 약 4,429만 명
최고 높이 : 아콩카과산(6,959m)

탱고는 19세기 말 아르헨티나 부에노스아이레스에서 탄생했다. 두 사람이 함께 추는 춤으로 카페나 심지어 거리에서 추기도 한다.

우루과이 Uruguay

우루과이 국기가 세계에서 가장 긴 강 가운데 하나인 라플라타강을 사이에 두고 건너편에 있는 이웃나라, 아르헨티나 국기와 매우 유사하다는 것을 벌써 눈치챘겠죠?

9개의 파란색과 하얀색 줄무늬는 한때 스페인 식민지였던 우루과이를 구성한 최초의 9개 주를 상징해요. 아르헨티나와 다르게, 이 남아메리카 국가에는 눈이 내리지 않아요. 반면에 우루과이의 국가 표어이기도 한 '5월의 태양'은 아르헨티나와 같은 이유로 우루과이를 비추고 있지요. 5월의 태양은 1828년 5월 우루과이가 스페인의 지배에서 벗어나 독립한 사실을 상기시켜 주며, 혁명의 상징물 역할을 톡톡히 하고 있어요.

수도 : 몬테비데오
통화 : 우루과이 페소
공용어 : 스페인어
면적 : 176,215㎢
인구 : 약 336만 명
최고 높이 : 카테드랄산(510m)

국토의 4분의 3이 목초지로 덮인 우루과이에는 말을 타는 카우보이가 많이 있다. 이들을 '가우초'라고 부른다.

에콰도르 Ecuador

안데스콘도르가 침보라소의 만년설 위에서 날개를 펼치고 있어요. 6,310m의 침보라소는 세계에서 가장 높은 화산이에요.

에콰도르에 온 걸 환영합니다! 국기의 문장은 산맥과 바다 사이에 위치한 에콰도르의 화려한 풍광을 보러 오라며 우리를 초대하고 있습니다. 태평양·강·하늘은 국기의 남색 줄무늬로 표현됩니다. 작은 배를 타고 과야스강을 따라가며 에콰도르를 여행한다면 금상첨화겠죠. 에콰도르의 천연자원과 번영은 밝게 빛나는 넓은 노란색 줄무늬에서 확인할 수 있어요. 붉은색은 에콰도르의 자유를 되찾기 위해 애국자들이 흘린 피를 추모하는 뜻이에요. 이 세 가지 색은 스페인으로부터 독립하는 과정에서 형성된 연맹, 대콜롬비아(1821-1830)에서 유래한 것입니다. 대콜롬비아에는 베네수엘라·파나마·콜롬비아도 포함되어 있었어요.

수도 : 키토
통화 : 미국 달러
공용어 : 스페인어
면적 : 283,561㎢
인구 : 약 1,629만 명
최고 높이 : 침보라소산(6,310m)

키토의 시장에 가면 농부들이 아직도 전통 의상을 입고 있다. 전통 의상에는 모자가 빠지지 않는데, 남녀 모두 모자를 쓴다.

콜롬비아 Colombia

수도 : 보고타

19세기 초 각 국가들이 스페인으로부터 독립을 쟁취한 뒤 에콰도르·콜롬비아·베네수엘라 그리고 얼마 동안 파나마도 함께 대콜롬비아를 형성했어요. 통합의 표시로, 각 나라의 국기에 같은 색을 사용하였지요. 대서양(파랑색)이 스페인(빨간색과 노란색) 압제자를 풍요로운 아메리카로부터 떼어 놓고 있어요.

베네수엘라 Venezuela

수도 : 카라카스

베네수엘라 국기에서는 여덟 개의 별들이 밝게 빛나고 있어요. 일곱 개의 별은 1806년 독립선언법에 서명한 일곱 개 주에 해당합니다. 2006년 3월 여덟 번째 별이 추가되었는데, 국민 영웅인 시몬 볼리바르를 기념하기 위한 것이지요. 시몬 볼리바르는 1813년부터 라틴 아메리카의 스페인 식민지들의 해방을 위해 싸웠어요.

그레나다 Grenada

　그레나다 사람들이 지닌 친절함과 예의는 그레나다 국기에 두 개의 큰 삼각형 형태로 나타나 있어요. 그레나다에서 자라는 자몽과 같은 노란색이지요. 바나나나무·사탕수수밭·카카오나무·향신료…… 그레나다의 모든 농업과 비옥한 토양은 두 개의 초록 삼각형으로 상징돼요.

　지역 요리에 매우 특별한 풍미를 더해 주는 육두구는 그레나다에서는 잘 알려진 작물이에요. 국기에 이 육두구가 노란색과 빨간색으로 그려져 있지요. 사실 그레나다는 세계 2위의 육두구 생산국이에요.

수도 : 세인트조지스
통화 : 동카리브 달러
공용어 : 영어
면적 : 344㎢
인구 : 약 11만 명
최고 높이 : 세인트캐서린산(845m)

매년 8월에 열리는 카니발은 그레나다에서 가장 큰 축제이다. 화려하게 분장한 사람들의 퍼레이드가 눈길을 사로잡는다.

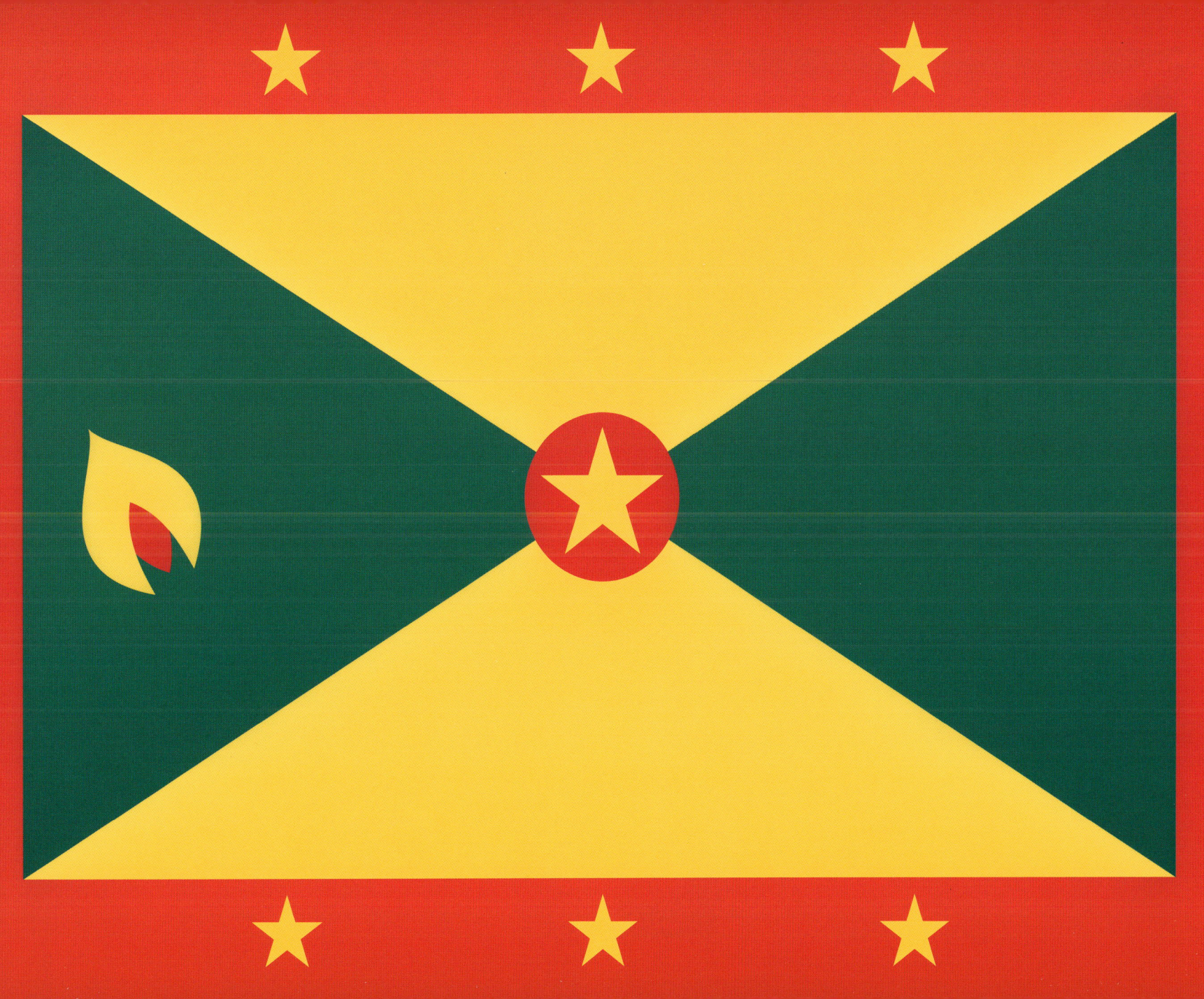

가이아나 Guyana

가이아나 국기에서는 자연이 가장 중심이 돼요. 국토의 4분의 3이 환상적인 풍경의 삼림으로 덮여 있고, 논 옆으로 사탕수수 농장이 죽 이어져 있는 까닭에 초록색이 가장 많은 자리를 차지하게 되었지요. 심토 또한 풍부한 자원을 제공하는데, 노란색 삼각형이 심토에서 나오는 보크사이트·금·다이아몬드를 표현한 것이에요. 한편 하얀색 가장자리는 가이아나의 농업 지대에 물을 대는 수많은 폭포와 강을 연상시키지요.

하지만 가이아나의 풍부한 자원도 이곳 사람들의 끈기와 인내가 없었다면 그 정도 수준에 이르지 못했을 거예요. 검은 테두리가 있는 빨간색 삼각형은 이 섬의 주민들에게 경의를 표하고자 사용되었어요.

수도 : 조지타운
통화 : 가이아나 달러
공용어 : 영어
면적 : 214,969㎢
인구 : 약 74만 명
최고 높이 : 로라이마산(2,810m)

이 산악 국가에는 폭포가 무척 많다. 포타로강에 있는 카이에테우르 폭포는 높이가 226m나 된다.

수리남 Suriname

이웃 나라 가이아나의 국기와 마찬가지로, 수리남의 국기 또한 국토의 95%를 덮고 있는 엄청난 규모의 산림에 경의를 표하고 있어요. 두 줄의 초록색 줄무늬는 소와 양이 가득한 푸른 초원과 사탕수수 밭을 포함해, 이 남아메리카 국가의 풍요로운 초목을 나타내요.

대서양 끝자락에 위치한 수리남은 인도인·인도네시아인·일본인·크리오요(스페인 식민지에서 태어난 백인)·중국인·아메리카 원주민까지 먼 곳에서 온 사람들을 기꺼이 받아들였어요. 그 모든 사람들이 노란색 별 모양으로 국기 중앙에 하나로 합쳐져 있지요. 노란색 별은 통합과 평화를 바라는 사람들의 바람을 상징하는 것이에요. 하얀색 줄무늬 또한 평화·자유·정의를 떠올리게 하지요. 정말 아름다운 조합이죠?

수도 : 파라마리보
통화 : 수리남 달러
공용어 : 네덜란드어
면적 : 163,820㎢
인구 : 약 59만 명
최고 높이 : 줄리아나탑산(1,280m)

호흡 뿌리(호흡을 위해 밖으로 돌출된 뿌리)를 가진 맹그로브 나무는 수리남의 늪지대에서 독특한 형태로 숲을 이루고 있다.

세인트빈센트그레나딘
Saint Vincent and the Grenadines

수도 : 킹스타운

국기 중앙에서는 태양의 색이 밝게 빛나요. 파란색은 수정처럼 맑은 섬의 물이 연상되고, 초록색은 섬의 무성한 초목을 상징합니다. 중앙에 있는 다이아몬드 형태는 이 나라에 속한 세 개의 섬과 함께 빵나무의 톱니 모양 잎을 나타내요.

자메이카 Jamaica

수도 : 킹스턴

자메이카의 색은 태양과 풍부한 자원을 의미하는 노란색과 초목의 초록색이에요. 이외에 검은색도 국기에 등장하는데, 자메이카가 겪은 탄압과 빈곤을 떠오르게 하지요. 레게 가수 밥 말리는 의심할 여지없이 가장 유명한 자메이카의 아들로, 자메이카의 색, 더 정확히는 에티오피아의 색을 널리 세상에 전파했어요.

트리니다드토바고
Trinidad and Tobago

수도 : 포트오브스페인

석유·아스팔트·천연가스의 주요 생산국인 트리니다드토바고의 국기는 큰 검정색 대각선으로 자국의 풍부한 천연자원을 찬양하고 있어요. 검은색은 트리니다드섬과 토바고섬 주민들을 잇는 강한 연결 고리를 나타내는 것이기도 해요. 거기에 하얀색은 바다를, 붉은색은 태양을 상징합니다.

세인트키츠네비스
Saint Kitts and Nevis

수도 : 바스테르

세인트키츠네비스 국기에서 초록색은 비옥한 대지를 상징합니다. 이 비옥한 토지 대부분을 사탕수수가 차지하고 있지요. 붉은색은 노예제와 식민주의에 맞선 투쟁을 상징해요. 검은색 대각선은 아프리카계 주민들을 연상시킵니다. 그리고 별들은 이 제도의 두 섬을 상징해요.

도미니카공화국
Dominican Republic

옛날 옛적, 1492년 크리스토퍼 콜럼버스가 카리브해를 발견한 뒤에, 도미니카공화국과 아이티 두 나라는 히스파니올라라는 이름의 섬에서 사이좋게 살았어요.

불행히도 그 화합은 오래가지 못했고, 두 나라는 끝내 영토 싸움을 벌이게 되었지요. 결국 아이티가 도미니카공화국의 지배자가 되었어요. 그래서 1844년에 드디어 도미니카공화국이 독립을 쟁취한 뒤에도, 국기는 여전히 아이티 국기를 모방한 것이었어요. 도미니카에서는 자신들의 종교적 믿음을 표현하고자 커다란 하얀색 십자가를 추가했습니다. 거기에 국기에 들어간 문장에는 펼쳐진 성경과 '하나님·조국·자유'라는 국가 표어가 등장해요. 이 세 단어는 도미니카 사람들에게 아주 소중한 것이지요.

수도 : 산토도밍고
통화 : 도미니카 페소
공용어 : 스페인어
면적 : 48,670㎢
인구 : 약 1,073만 명
최고 높이 : 두아르테봉(3,175m)

매년 혹등고래가 알을 낳기 위해 따뜻한 카리브해로 이동한다.

아이티 Haiti

'단결이 힘을 만든다'는 아이티 국기에 쓰인 표어로, 아이티 인구가 아프리카 노예 그리고 유럽과 아프리카 양쪽 모두의 혈통을 지닌 사람들의 후손임을 나타내요. 국기의 두 가지 색은 이 두 공동체를 상징합니다.

그러나 아이티는 공동체의 화합을 이유로 무기를 들었고 큰 대가를 치렀어요. 국장에 그려진 대포와 포탄은 이 나라가 겪은 혼란스러운 과거를 떠올리게 하지요.

수도 : 포르토프랭스
통화 : 구르드
공용어 : 아이티 크레올어, 프랑스어
면적 : 27,750㎢
인구 : 1,064만 명
최고 높이 : 셀산(2,680m)

한 번 볶은 아이티 커피 원두는 매우 특별한 향기를 풍긴다. 원두 수출은 아이티에게 없어서는 안 될 수입원이 되었다.

브라질 Brazil

포르투갈어를 할 줄 아나요? 못하더라도 상관없어요. 브라질 국기에 적힌 국가 표어, 'Ordem e Progresso'는 아주 쉬운 말이에요. 바로 '질서와 진보'라는 뜻이죠.

브라질은 남아메리카에서 가장 큰 나라이며, 브라질의 아마존은 세계에서 가장 큰 열대림이에요. 이 열대림은 세계에서 가장 긴 강인 아마존강 기슭에서 자라며, 한때 포르투갈 식민지였던 브라질 국토의 3분의 1을 덮고 있어요. 브라질 국기에도 이 풍요로운 초목이 표현되어 있는데, 초록색이 국기 대부분을 뒤덮고 있는 게 그런 의미지요.

브라질 국기에서 가장 특이한 부분은 역시 별이 총총히 박힌 하늘이에요. 1889년 브라질이 공화국을 선포한 바로 그때 하늘에 펼쳐진 별자리라고 해요. 또한 27개의 별은 브라질 연방의 26개 주와 여기에 더해 수도인 브라질리아를 표현한 것이기도 합니다.

수도 : 브라질리아
통화 : 브라질 헤알
공용어 : 포르투갈어
면적 : 8,515,770㎢
인구 : 약 2억 735만 명
최고 높이 : 네블리나봉(3,014m)

아마존의 삼림은 사람들의 욕심 때문에 수없이 파괴되었다. 아마존 인디언들도 지구상에서 사라질 위험에 처해 있다.

오세아니아 Oceania

   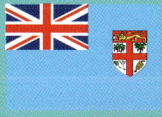      

오스트레일리아 Australia

7,741,220㎢의 면적을 가진 오스트레일리아는 세계에서 가장 큰 섬이에요. 그런데 오스트레일리아 국기에 왜 영국 국기인 유니언 잭이 있는지 의아할 수도 있을 거예요. 그 이유는 바로 영국인인 쿡 선장이 1770년 이 섬을 차지했기 때문이에요.

국기에는 모두 여섯 개의 별이 그려져 있어요. 다섯 개는 남반구에서 가장 많이 알려진 별자리인 남십자성 모양을 이루고 있어요. 다른 별들보다 크고 중심에서 조금 벗어나 있는 여섯 번째 별은 태평양과 인도양 사이에 위치한 섬, 오스트레일리아를 상징해요.

하지만 이 여섯 개의 별들은 오스트레일리아를 구성하는 여섯 개 주인 퀸즈랜드·사우스오스트레일리아·뉴사우스웨일즈·웨스턴오스트레일리아·태즈메이니아·빅토리아를 의미하는 것이기도 해요.

수도 : 캔버라
통화 : 오스트레일리아 달러
공용어 : 영어
면적 : 7,741,220㎢
인구 : 약 2,323만 명
최고 높이 : 코지어스코산(2,228m)

1770년 제임스 쿡 선장은 자신의 배 인데버호에서 오스트레일리아 남쪽 해안을 발견했다.

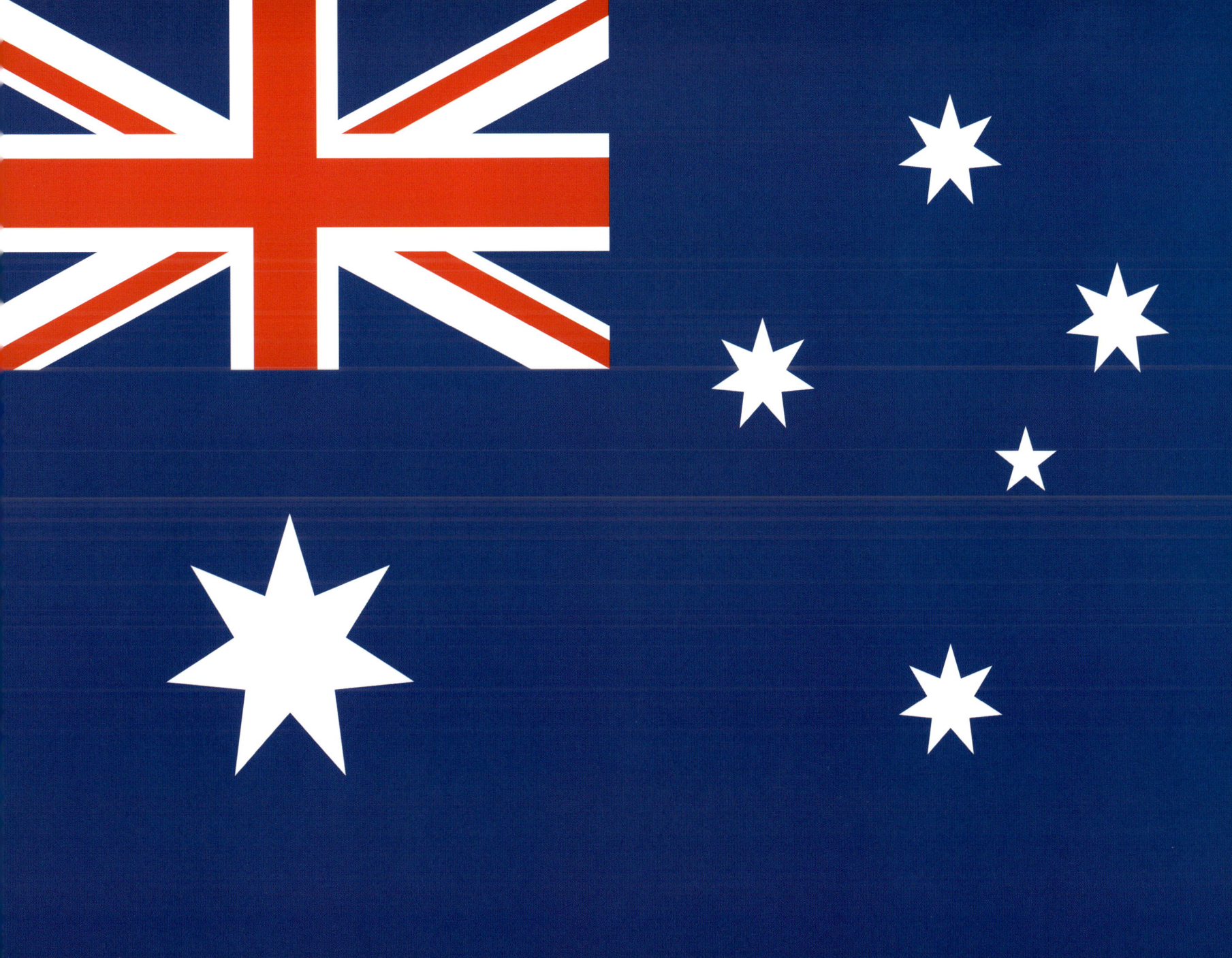

뉴질랜드 New Zealand

여기서도 닮은 점을 발견했나요? 같은 색깔에, 왼쪽 상단 모서리의 유니언 잭까지 마치 영국에 다시 와 있는 것 같지요? 과거 영국 식민지였으니 어쩌면 당연한 건지도 모르겠어요.

호수·빙하·피오르드·간헐천·화산까지 다양한 풍경을 가진 이 군도는 오늘날 영연방(과거 대영 제국에 속했던 국가들로 구성된 연방체)의 일원이에요.

이 국기에 있는 남십자성은 별을 하나 잃어버린 것 같죠? 별이 네 개뿐이에요. 하지만 사실상 거의 똑같은 이웃의 오스트레일리아 국기와 구별하기 위해 어쩔 수 없는 선택이었어요.

수도 : 웰링턴
통화 : 뉴질랜드 달러
공용어 : 영어, 마오리어
면적 : 268,838㎢
인구 : 약 451만 명
최고 높이 : 쿡산(3,764m)

뉴질랜드에 정착한 지 1,200년이 넘은 마오리족은 뉴질랜드에서 가장 오래 산 거주민들이다.

투발루 Tuvalu

수도 : 푸나푸티

피지와 투발루의 드넓은 하늘빛 물 위로 게양된 영국 국기는 이들이 영연방의 일원임을 나타내고 있어요. 투발루 국기에서 영국 국기, 즉 유니언 잭 옆에 자리한 9개의 노란색 별은 이 군도 국가를 구성하는 아홉 개의 섬을 가리켜요. 투발루는 세계에서 가장 작고 가장 고립된 국가 가운데 하나로, 태평양 한가운데에 자리하고 있지요.

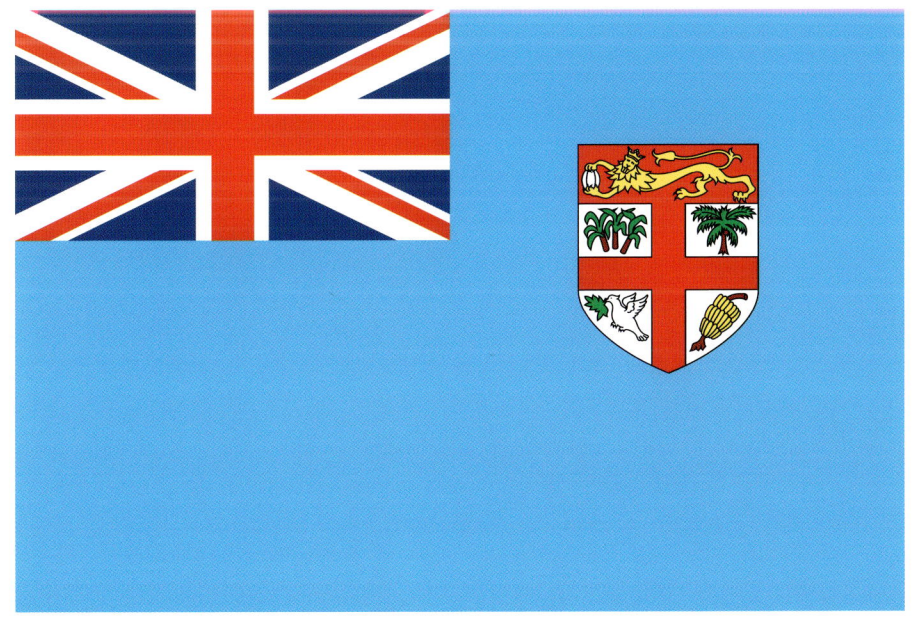

피지 Fiji

수도 : 수바

피지 국기에서는 영국 국기 옆으로 피지의 국장이 자리하고 있어요. 여기 그려진 코코야자 · 바나나 · 사탕수수는 이 화산 군도의 주요 농산물이에요. 평화의 상징인 비둘기와 함께 나오는 영국 사자는 피지와 영국 두 나라의 긴밀한 관계를 보여 주는 것이지요.

마셜제도
Marshall Islands

이 국기의 군청색 바탕은 32개의 낮은 산호섬으로 구성된 이 섬나라를 둘러싼 바다를 상징해요. 이 산호섬들 가운데 가장 유명한 것은 비키니섬으로, 1950년대 탄생한 '비키니' 수영복이 이 섬에서 이름을 따왔지요.

태양처럼 밝게 빛나는 국기의 별은 이 나라를 상징해요. 28개의 빛줄기 가운데 24개는 선거구를 의미하고, 십자가를 이루는 4개의 긴 빛줄기는 마셜제도의 종교인 기독교를 나타내고 있어요.

수도 : 마주로
통화 : 미국 달러
공용어 : 영어, 마셜어
면적 : 181㎢
인구 : 약 7만 명
최고 높이 : 10m

산호는 식물이 아니라, 따뜻한 바다에서 무리를 형성하는 동물이다.

나우루 Nauru

나우루는 국기 덕분에 그 지리적 위치를 쉽게 파악할 수 있어요. 바로 적도 근처에 있지요! 국기 중앙을 관통하는 가로줄은 지구를 두 개의 반구로 나누는 가상선을 상징해요. 12개의 꼭짓점을 가진 하얀색 별은 섬의 12개 토착 부족을 나타내요. 나우루 사람들 대부분이 해안가에 살고 있어서, 섬 가장자리에 두른 띠처럼 도심이 형성되어 있어요.

1798년 산호섬을 발견한 존 피언은 이 섬에 '기분 좋은 섬(Pleasant Island)'이라는 이름을 붙였고, 오랫동안 섬은 무성한 초목들이 가득한 지상 낙원이었어요. 그러나 불행히도, 수년간 천연자원을 채굴과는 과정에서 사람들은 섬의 아름다운 풍경을 심하게 훼손했고, 매장된 자원도 거의 고갈되어 버렸지요.

수도 : 야렌
통화 : 오스트레일리아 달러
공용어 : 나우루어, 영어
면적 : 21㎢
인구 : 약 1만 명
최고 높이 : 63m

나우루는 '환초'라고 불리는
고리 모양의 산호섬이다.

키리바시 Kiribati

 키리바시의 국기는 마치 그림엽서 같아요. 새빨간 하늘에서 황금빛 태양이 파랗고 하얀 태평양의 파도 위로 떠오르고 있어요. 붉게 타오르는 수평선 위로 오세아니아 신화에 등장하는 거대한 새, 권위와 자유를 상징하는 군함조가 날고 있어요.
 5,000,000㎢ 이상의 넓은 지역에 흩어져 있는 이 나라가 국제 날짜 변경선 바로 위에 위치해 있었던 사실을 알고 있었나요? 그 말은 한 섬이 월요일일 때 바로 옆 섬은 화요일이라는 뜻이에요. 결국 1995년, 키리바시의 모든 섬들이 동시에 월요일을 맞이할 수 있도록 날짜 변경선을 이동했답니다.

수도 : 타라와
통화 : 오스트레일리아 달러
공용어 : 영어
면적 : 811㎢
인구 : 약 11만 명
최고 높이 : 바나바섬(81m)

키리바시의 바다는 흰동가리의 고향이다. 이 특이한 물고기는 독이 있는 말미잘과 밀접한 공생 관계에 있다. 일단 말미잘을 선택하고 나면 흰동가리는 열심히 말미잘을 보호한다. 그리고 그 대가로 독을 쏘는 말미잘의 촉수들 속에 안전한 집을 마련한다.

파푸아뉴기니
Papua New Guinea

파푸아뉴기니는 뉴기니섬 동쪽 반을 차지하고 있어요. 이 군도 국가의 국기는 누가 디자인했을까요? 전국적인 국기 디자인 공모전에서 우승한 15세 소녀라고 해요. 그 소녀는 섬이 가진 많은 놀라운 특징들로부터 영감을 받았다고 합니다.

붉은색 삼각형은 파푸아뉴기니의 무성한 초목과 습한 기후를 연상시켜요. 검은색 삼각형은 섬의 화산토를 나타내는 것이고요. 그럼 '라기아나 극락조'라고 불리는 아름다운 노랑 새는 어떤가요? 이 극락조는 파푸아뉴기니의 상징으로 오로지 이곳에서만 발견되는 새입니다. 이 극락조는 지구 남반구에서 가장 유명한 별자리, 다섯 개의 별로 이루어진 남십자성을 마주 보고 있어요. 파푸아뉴기니는 세계에서 가장 다양한 언어를 가진 나라로 알려져 있어요. 자그마치 750개가 넘는 방언이 존재한답니다.

수도 : 포트모르즈비
통화 : 키나
공용어 : 영어
면적 : 462,840㎢
인구 : 약 691만 명
최고 높이 : 빌헬름산(4,706m)

몇몇 파푸아 부족 사람들은 위험으로부터 스스로를 보호하기 위해 무려 50m 높이에 나무 집을 짓기도 한다.

여기에 있는 국기들에는 자연이 표현되어 있어요.

팔라우 국기의 노란색 원은 보름달을 나타내는 것으로, 사람들은 보름달을 보며 풍족한 수확과 축제를 떠올리지요.

바누아투 국기를 보면 이 나라에 있는 Y자 모양의 화산들이 생각날 거예요.

미크로네시아 국기의 별들은 푸른 태평양 바다에 흩어져 있는 네 개의 섬 무리를 나타내요.

솔로몬제도의 국기에서 노란색은 태양, 초록색은 초목, 파란색은 바다를 나타내요.

팔라우 Palau 수도 : 멜레케오크

바누아투 Vanuatu 수도 : 포트빌라

미크로네시아 Micronesia 수도 : 팔리키르

솔로몬제도 Solomon Islands 수도 : 호니아라

사모아 Samoa

남태평양 한가운데 위치한 이 나라는 국기 왼쪽 상단 모서리에 남십자성을 그려 넣었어요. 사모아는 남반구에서 남십자성을 관찰하기 가장 좋은 곳 가운데 하나이지요. 빨간색이 사모아 국기의 대부분을 차지하고 있어요. 아마도 이곳이 화산 군도이기 때문이겠지요.

사모아는 파인애플과 바나나를 재배하는 데 최적의 기후 조건을 가진 곳이에요. 파인애플과 바나나는 이 나라에서 아주 중요한 작물이랍니다. 1962년 독립한 사모아는 과거 영국 식민지였던 국가들로 구성된 연방체인 영연방에도 속해 있어요.

수도 : 아피아
통화 : 탈라
공용어 : 사모아어, 영어
면적 : 2,831㎢
인구 : 약 20만 명
최고 높이 : 실리실리산(1,857m)

화산 군도인 사모아는
중요한 파인애플 생산국이다.

통가 Tonga

통가의 왕 투포우 4세는 국민들의 종교적 믿음을 국기에 담고 싶었어요. 그래서 십자가로 170개 섬들로 이루어진 이 군도 국가를 표현했어요. 붉은색은 예수가 흘린 피를 연상시키고, 하얀색은 순수성을 의미하지요. 그런데 이미 어디서 이 상징을 본 것 같은 느낌이 들지 않나요? 맞아요, 적십자! 1863년 앙리 뒤낭이 적십자 기구를 만들었을 때 붉은 십자가를 로고로 선택했는데, 실은 통가가 그보다 1년 먼저 국기를 채택했어요.

1875년, 혼동을 피하기 위해 하얀 직사각형 바탕 위에 있던 붉은 십자가는 통가 국기의 왼쪽 상단 모서리로 옮겨졌어요. 그렇게 되면서 붉은 십자가는 더 이상 통가 국기의 중심을 차지하지 못하고 하나의 장식처럼 되었지요.

수도 : 누쿠알로파
통화 : 팡가
공용어 : 통가어, 영어
면적 : 747㎢
인구 : 약 10만 명
최고 높이 : 카오산(1,033m)

농업은 통가의 주요 산업이다. 바닐라·패션프루트·카사바가 이 지역에서 자란다.

아프리카 Africa

스와질란드 Swaziland

 한 가지는 확실해요. 제2차 세계 대전 때 영국군으로 참전한 스와질란드의 에마소트샤 연대 전사들이 자신의 나라를 지키고 있다는 사실이요. 스와질란드의 상징은 대담하고 선명하게 그려 넣은 전통적인 소가죽 방패에 줄루족 전사들의 창, 깃털과 술로 장식된 의식용 막대가 더해진 형태예요. 매우 특이한 국기지요.

 그런데 왜 전투와 폭력의 상징을 국기에 넣어 보여 주는 걸까요? 사실 스와지족 사람들은 역사 속에서 빈번하게 무기를 들었다고 해요. 방패와 창은 적들로부터 국가를 보호하는 것을 의미하죠. 한편 방패의 검은색과 하얀색은 이 나라에 사는 흑인과 백인의 원만한 관계를 상징해요.

 이 작은 산악 국가는 전통적인 무기들로 국기를 장식할 만큼 자신들이 전투에서 거둔 승리들을 매우 자랑스러워합니다.

수도 : 음바바네
통화 : 릴랑게니
공용어 : 스와티어, 영어
면적 : 17,364㎢
인구 : 약 147만 명
최고 높이 : 엠렘베산(1,800m)

전쟁에 나가는 줄루족 전사들은 승리를 기원하며
전통춤 인들라무(indlamu)를 춘다.

모로코 Morocco

빨간색은 모로코 국기에 딱 어울리는 색이에요. 수 세기 동안, 모로코의 술탄들은 빨간색을 사용하여 자신들이 이슬람교의 창시자 마호메트의 후손임을 알려 왔어요. '술레이만의 별'이라 불리는 초록색 오각별은 한때 모두 붉은색이던 이슬람 국가 국기들과 구별하기 위해 오래전 추가되었어요. 오각별 각각의 꼭짓점은 이슬람교의 다섯 가지 기둥인 신앙 고백·기도·희사·단식·성지 순례를 상징해요.

수도 : 라바트
통화 : 모로코 디르함
공용어 : 아랍어
면적 : 446,550㎢
인구 : 약 3,398만 명
최고 높이 : 투브칼산(4,165m)

이슬람교에는 신앙을 떠받치는 다섯 기둥이 있다. 기도도 그중 하나로, 이슬람교도들은 성지 메카를 향해 하루에 다섯 번 기도를 올린다.

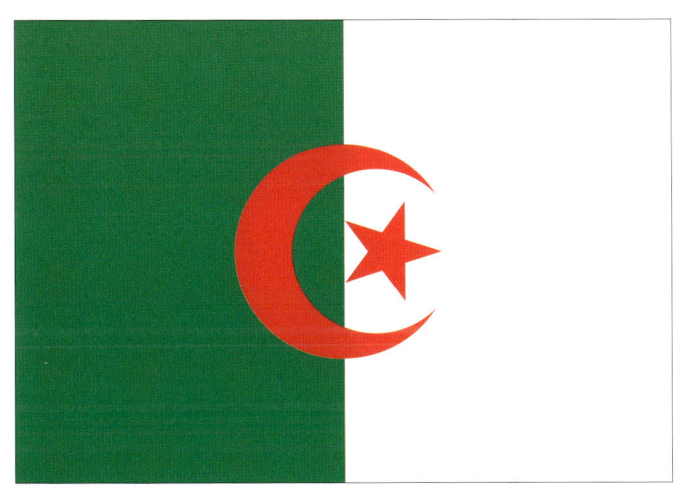

알제리 Algeria 수도 : 알제

튀니지 Tunisia 수도 : 튀니스

다음의 네 국기들을 자세히 들여다보세요. 어떤 공통점을 가진 것 같나요?

맞아요, **초승달**이에요. 이 네 국가들은 모두 이슬람교이고, 달은 이슬람교에서 매우 중요한 위치를 차지해요.

이슬람력에는 354일이 있으며 달의 움직임을 기준으로 해요.
달의 위치에 따라 메카 순례와 이슬람교도의 금식 기간인 라마단 날짜가 정해져요.

모리타니 Mauritania 수도 : 누악쇼트

코모로 Comoros 수도 : 모로니

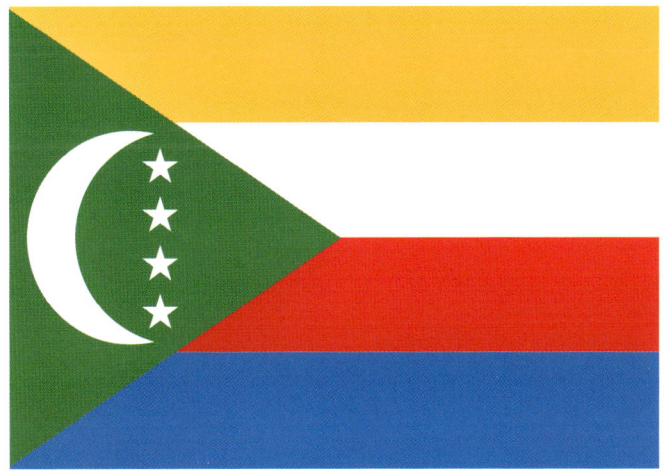

이집트 Egypt

클레오파트라, 투탕카멘, 네페르티티 혹은 카르나크 신전이나 왕들의 계곡 등은 들어 본 적이 있을 거예요. 그럼 위풍당당한 모습으로 이집트 국기를 차지하고 있는 황금 독수리는 어떤가요? 이것은 술탄 살라딘이 자신의 힘을 상징하기 위해 선택한 문양이에요. 12세기 살라딘이 건설한 아이유브 왕조는 약 1세기 동안 이집트와 시리아를 지배했지요. 1984년 이집트는 나라의 막강한 힘을 자랑하기 위해 이 국기를 채택했어요.

또한 이제 이집트 국기를 시작으로 빨강·검정·하양의 범아랍색이 들어간 국기들도 함께 알아보아야 할 시간이에요. 범아랍 국가들은 아랍 문명으로부터 생겨난 나라들이지요.

2011년 초, 이집트 국민들이 일으킨 봉기는 30년간이나 독재 정치를 해 온 무바라크 대통령을 물러나게 했어요. 오늘날 이집트는 여전히 정치적으로 큰 혼란을 겪고 있지요.

수도 : 카이로
통화 : 이집트 파운드
공용어 : 아랍어
면적 : 1,001,450㎢
인구 : 약 9,704만 명
최고 높이 : 세인트캐서린산(2,641m)

카프레의 피라미드는 여전히
풀리지 않는 미스터리들을 품고 있다.

수단과 남수단
Sudan & South Sudan

원래 수단과 남수단은 하나의 나라였어요. 2011년 7월 9일, 여러 해 동안 피비린내 나는 내전을 벌였던 수단의 남쪽과 북쪽 지역이 공식적으로 분리되었지요. 수단은 범아랍색(빨강·하양·검정·초록)의 기존 국기를 그대로 유지했는데, 아랍 민족과 이슬람교의 뿌리를 지키겠다는 뜻을 밝힌 것이었지요. 남수단은 해방군이 독립 투쟁에서 썼던 깃발을 국기로 채택했어요. 여러 색상의 줄들은 남수단 사람들(검정), 평화(하양), 자유를 위해 흘린 피(빨강), 조국(초록)을 상징해요. 파란색 삼각형에서 나일강이 연상되고, 황금빛 별은 화합을 상징해요.

수단
수도 : 하르툼 **통화 :** 수단 파운드 **공용어 :** 아랍어
면적 : 1,861,484㎢ **인구 :** 약 3,734만 명 **최고 높이 :** 마라산(3,042m)

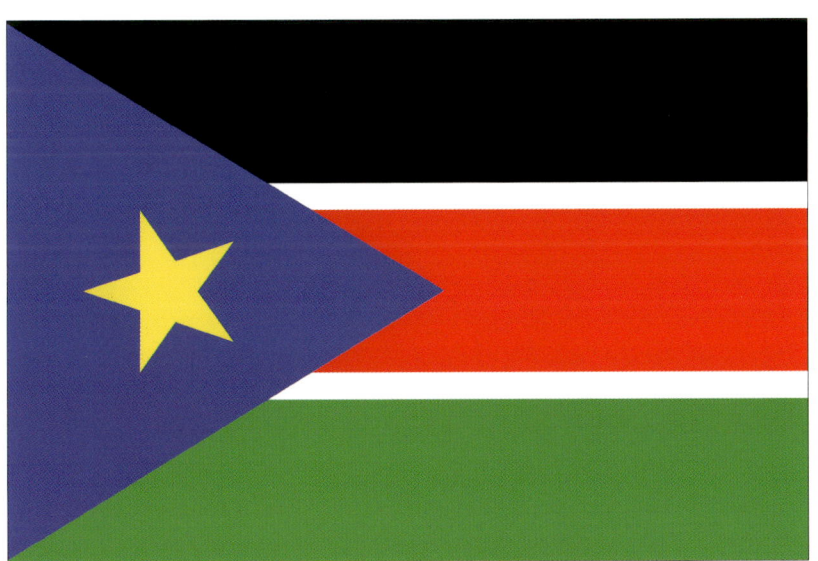

남수단
수도 : 주바
통화 : 남수단 파운드
공용어 : 영어
면적 : 644,329㎢
인구 : 약 1,302만 명
최고 높이 : 키네티산(3,187m)

에티오피아 Ethiopia

 에티오피아가 인류의 발상지로 알려져 있다는 사실을 알고 있었나요? 고원·늪·사바나로 둘러싸인 에티오피아의 심장부, 오모 계곡에서 초기 인류의 유해가 발견되었기 때문이에요. 에티오피아는 세계에서 가장 오래된 나라 가운데 하나입니다.

 가뭄으로 악명 높은 에티오피아에서 초록색은 희망, 특히 좀 더 비옥한 토지를 바라는 희망을 나타내요. 태양의 색인 노란색은 기쁨의 색입니다. 빨간색은 자유를 수호하는 사람들의 힘과 용기를 의미해요.

 단 6년 동안만 이탈리아의 침략과 지배를 받은 에티오피아는 19세기 아프리카에서 식민지화를 막아 낸 유일한 국가예요. 에티오피아 국기에 쓰인 세 가지 주요 색상들은 상징적인 색이 되었으며, 수많은 아프리카 국가들에게 희망을 안겨 주었습니다.

수도 : 아디스아바바
통화 : 비르
공용어 : 암하라어, 영어
면적 : 1,104,300㎢
인구 : 약 1억 535만 명
최고 높이 : 다센산(4,620m)

레게 음악을 탄생시킨 종교인 '라스타파리 운동'은
에티오피아 국기의 색을 상징으로 사용했다.

가나 Ghana

15세기 포르투갈인들이 발견한 황금의 나라(엘도라도)예요. 사방이 금이지요! 이후 영국인들은 가나를 황금 해안이라고 불렀어요.

가나는 1957년 나라의 독립을 기념하기 위해 빨강·노랑·초록을 채택했어요. 중앙의 검은 별은 승리와 자유를 상징해요. 하지만 가나가 이 색들을 사용한 최초의 국가는 아니에요. 에티오피아가 가장 먼저 이 색들을 썼지요. 에티오피아가 가장 먼저 식민지에서 벗어난 아프리카 국가인 까닭에 기니·말리·세네갈·기니비사우 같은 다른 아프리카 국가들에서도 범아프리카색이라고 불리는 이 삼색 줄무늬를 채택한 거예요.

수도 : 아크라
통화 : 세디
공용어 : 영어
면적 : 238,533㎢
인구 : 약 2,750만 명
최고 높이 : 아파자토산(885m)

추장이 자랑스럽게 황금 왕관을 쓰고 있다. 가나에선 지금도 각 마을 추장이 중요한 역할을 한다.

기니 Guinea 수도 : 코나크리

말리 Mali 수도 : 바마코

기니비사우 Guinea-Bissau 수도 : 비사우

세네갈 Senegal 수도 : 다카르

토고 Togo

수도 : 로메

코코야자나무가 군데군데 박힌 황금빛 해안의 나라, 토고의 국기에서 노란색 줄무늬는 비옥한 토양을 상징해요. 이 서아프리카 국가는 세계에서 다섯 번째로 큰 규모의 인산염 생산국이에요. 인산염은 농작물의 비료로 쓰여요. 국기의 별은 토고 사람들의 희망과 지혜를, 하얀색은 순수를 상징해요.

상투메프린시페
Sao Tome and Principe

수도 : 상투메

가봉 해변에서 바다로 나오면 두 개의 화산섬으로 구성된 군도인 상투메프린시페가 있어요. 국기에 있는 검은 별 두 개가 이 섬들을 상징해요. 상투메프린시페의 무성한 초목은 초록색으로 표현됩니다.

베냉 Benin 수도 : 포르토노보

부르키나파소 Burkina Faso 수도 : 와가두구

카메룬 Cameroon 수도 : 야운데

콩고공화국 Republic of the Congo 수도 : 브라자빌

적도기니 Equatorial Guinea

적도기니는 국기에서 자연의 풍요로움, 즉 울창하고 거대한 숲을 자랑하고 있어요. 그 숲에 판야나무 같은 멋진 열대 나무가 있는데, 왜 자랑스럽지 않겠어요? 판야나무는 어마어마하게 커요. 나무의 둥근 몸통은 50m까지 자랄 수 있어요. '신의 나무'라는 별명처럼 마치 하늘에 닿을 듯 보여요. 전설에 의하면 왕 본코로 1세가 이 나무 아래에서 기니를 식민 지배했던 스페인과의 첫 번째 충성 조약에 서명했다고 해요.

적도기니의 국장에는 이 나라를 구성하는 대륙 지역과 다섯 개의 섬들을 나타내는 노란색 별 여섯 개도 있어요. 국장 아래로 적도기니의 국가 표어 '단결·평화·정의'가 스페인어로 적혀 있습니다.

수도 : 말라보
통화 : 중앙아프리카 CFA프랑
공용어 : 스페인어, 프랑스어, 포르투갈어
면적 : 28,051㎢
인구 : 약 78만 명
최고 높이 : 바실레봉(3,007m)

케이폭은 판야나무 꼬투리 속에서 발견되는 섬유의 일종으로 베개, 이불 등에 넣는 솜으로 사용된다.

다양한 색깔의 줄무늬가 있는

감비아 Gambia 수도 : 반줄

가봉 Gabon 수도 : 리브르빌

시에라리온 Sierra Leone 수도 : 프리타운

모리셔스 Mauritius 수도 : 포트루이스

아프리카의 여러 나라 국기들

나이지리아 Nigeria 수도 : 아부자

코트디부아르 Cote d'Ivoire 수도 : 야무수크로

차드 Chad 수도 : 은자메나

잠비아 Zambia 수도 : 루사카

탄자니아 Tanzania

탄자니아 국기를 반으로 가르고 있는 대각선은 무슨 의미일까요? 탄자니아의 지형을 나타내는 걸까요? 사실 지리적 특징과 관련이 있는 건 삼각형이에요. 위쪽의 초록 삼각형은 유명한 '아프리카 대지구대'를 둘러싼 평원과 숲에 있는 풍부한 초목을 나타내요. 아래쪽 파란 삼각형은 인도양을 상징하지요.

검은색 줄무늬는 흑인 원주민과 아프리카 대륙을 자랑스럽게 가리킵니다. 양쪽으로 두 가지 색깔(초록색·파란색)이 쓰인 이유는 이 나라의 역사 때문이에요. 탄자니아는 1963년까지 영국의 식민지였고, 1964년 각기 다른 나라였던 잔지바르와 탕가니카가 하나로 합쳐져 탄자니아 연방 공화국이 탄생했어요. 탄자니아 국기는 두 나라의 국기를 조합하여 만든 것이지요.

수도 : 도도마
통화 : 탄자니아 실링
공용어 : 스와힐리어, 영어
면적 : 947,300㎢
인구 : 약 5,395만 명
최고 높이 : 킬리만자로산(5,895m)

이 특이한 외모의 원숭이는 오직 잔지바르 섬에서만 발견된다. 그래서 이름도 '잔지바르붉은콜로부스'다.

우간다 Uganda

수도 : 캄팔라

우간다는 국민들이 특별히 소중히 여기는 동물을 국기에 넣기로 했어요. 국가의 상징인 회색관두루미가 한 발로 서서 깃대를 바라보고 있지요. 이 아름다운 섭금류는 우간다에서 엄격한 법으로 보호받고 있어요.

짐바브웨 Zimbabwe

수도 : 하라레

짐바브웨의 황금 새는 국민 스타예요! 짐바브웨의 화폐(지폐와 동전)에도 등장해요. 받침대에 위풍당당하게 올라앉은 이 새는 고대 도시의 유적 속에서 발견된 원시 조각상을 그대로 옮겨 놓은 것이지요. 국보인 이 새는 남아프리카공화국, 모잠비크와 이웃한 이 동남 아프리카 국가의 문화적 뿌리를 떠올리게 합니다.

에리트레아 Eritrea

　에리트레아는 평화의 상징인 올리브 가지를 국기에 넣었어요. 30년간 이어진 이웃나라 에티오피아와의 전쟁을 견뎌 낸 역사를 올리브 가지에 달린 30개의 잎으로 표현했지요. 그러나 에리트레아는 오늘날까지도 빈번하게 분쟁을 겪고 있어요.

　에리트레아는 코뿔소의 뿔을 닮아 '아프리카의 뿔'이라고 불리는 소말리아 반도에 있는 나라들 중 하나입니다. 바다를 맞대고 전략적으로 중요한 위치에 있어 이웃나라들로부터 큰 부러움을 샀지요. 에리트레아라는 이름은 '빨강'을 의미하는 그리스어에서 유래되었다는 것을 알고 있나요? 이 나라가 홍해와 맞닿아 있기 때문이에요.

수도 : 아스마라
통화 : 낙파
공용어 : 티그리냐어, 아랍어
면적 : 117,600㎢
인구 : 약 592만 명
최고 높이 : 소이라산(3,018m)

에리트레아는 홍해를 따라 1,150㎞에 이르는 해안선을 자랑한다. 전통적인 어업은 에리트레아 경제에서 큰 비중을 차지한다.

니제르 Niger

니제르를 밝게 비추는 태양은 국기에서도 빛을 발하고 있어요. 니제르는 지구상에서 가장 뜨겁고 햇빛이 가장 많이 비치는 나라 가운데 하나예요. 그래서 국기 중앙에 태양을 그려 넣는 것으로 경의를 표하고 있지요.

삼색기에서 주황색 줄무늬는 니제르가 지구상에서 가장 건조한 국가 가운데 하나라는 사실을 떠올리게 합니다. 세로 약 1500km, 가로 약 600km인 테레네 사막은 니제르에서 가장 방대한 지역을 차지하고 있어요.

약 500km를 흐르는 니제르강은 하얀색 줄무늬로 표현되고 있어요. 그리고 초록색 줄무늬는 강기슭에 형성된 얼마 안 되는 비옥한 지대를 상징해요.

수도 : 니아메
통화 : 서아프리카 CFA프랑
공용어 : 프랑스어
면적 : 1,267,000km²
인구 : 약 1,924만 명
최고 높이 : 바그잔산(2,022m)

니제르 유목민 아이들은 모래에 투아레그어를 쓰며 재미있게 문자를 익힌다.

나미비아 Namibia

수도 : 빈트후크

900,000㎢이 넘는 칼라하리 모래사막은 나미비아에서 남아프리카공화국까지 이어져 있으며, 보츠와나까지 뻗어 있어요. 사막은 아주 더워서 나미비아는 국기에 생명과 에너지를 상징하는 아름다운 태양을 집어넣었어요. 대각선 줄무늬가 들어간 세 가지 색은 나미비아에서 가장 많은 인구를 차지하는 오밤보족의 색을 나타내요.

보츠와나 Botswana

수도 : 가보로네

보츠와나 국기에서 보이는 옅은 파란색의 줄무늬들은 토양을 비옥하게 하고 오카방고강에 물을 대는 풍부한 비를 나타내요. 오카방고강은 이 건조한 국가 주민들의 생존에 없어서는 안될 물 저장소 역할을 하지요. 하얀색과 검은색은 인종 간의 평등을 상징합니다. 물론 보츠와나가 고향인 많은 얼룩말들을 가리키는 색이라고도 알려져 있습니다.

카보베르데 Cape Verde

대서양 한가운데 위치한 카보베르데가 10개의 주요 섬들로 이루어진 화산 군도라는 것을 알고 있었나요? 그럼 국기에 왜 10개의 별이 있는지 금방 이해가 갈 거예요. 둥근 모양으로 배치된 별들은 통합을 상징해요. 군청색의 대서양과 하늘이 서로 만나는 수평선 위에 두었죠.

1456년 포르투갈 사람들이 도착했을 때 섬들에는 아무도 살고 있지 않았어요. 그러다가 수천 명의 아프리카 노예들을 아메리카로 실어 나르기 위해 이 섬들에 노예선이 정박하기 시작했어요. 섬이 가진 어두운 역사의 장이었지요. 카보베르데인들은 국기에 하얀 색을 넣어 평화를 상징하고, 빨간색으로 미래와 진보를 나타내었어요.

오늘날에는 유럽의 아마추어 뱃사람들이 대서양을 횡단하는 여행 중에 카보베르데에 들렀다 가기도 한답니다.

수도 : 프라이아
통화 : 에스쿠도
공용어 : 포르투갈어
면적 : 4,033㎢
인구 : 약 56만 명
최고 높이 : 포구산(2,829m)

가수 세자리아 에보라는 카보베르데를 세상에 알리는 데 큰 역할을 했다.

르완다 Rwanda

르완다 국기에서 환한 햇살이 퍼져 나오는 것을 보세요. 르완다에 존재하는 다양한 인종들(후투족·투치족·트와족)의 화합을 상징하는 것이랍니다. 태양과 태양이 내뿜는 빛이 르완다 사람들을 비추고 있어요.

하지만 항상 이랬던 건 아니에요. 1994년 인종 간 분쟁으로 일어난 '르완다 대량 학살'로 단 몇 달 만에 수백만 명의 사람들이 목숨을 잃었어요. 오늘날 르완다는 삼색기에 담긴 신념을 되새기며 새롭게 거듭나기 위해 노력하고 있어요.

초록색은 르완다의 천연자원을 상징함과 동시에, 르완다 사람들의 힘과 굳은 의지를 통해 번영을 이루려는 희망을 상징해요. 노란색은 성공을 상징하고, 파란색은 행복과 평화의 부활을 상징합니다.

수도 : 키갈리
통화 : 르완다 프랑
공용어 : 키냐르완다어, 프랑스어, 영어
면적 : 26,338㎢
인구 : 1,190만 명
최고 높이 : 카리심비산(4,507m)

1994년 내전을 피해 르완다에서 달아나는 사람들.

모잠비크

Mozambique

모잠비크는 슬픈 역사를 가진 나라예요. 5세기 동안 포르투갈의 식민지로 있은 뒤, 1976년부터 1992년까지 16년 동안 내전에 시달렸어요. 그 결과 백만 명에 가까운 사람들이 목숨을 잃었고, 3백만 명의 사람들이 다른 나라로 탈출하게 되었어요.

그런 이유로 국기에 공격적인 색과 노골적인 상징이 사용된 것이지요. 초록·노랑·빨강은 아프리카 대륙에 속해 있다는 모잠비크의 자긍심을 강조하고 있습니다. 그렇다면 소총·괭이·펼쳐진 책이 의미하는 것은 무얼까요? 이것들은 각각 투쟁·농업·학문을 상징하는 것으로, 모잠비크 정부가 수호하는 세 가지 가치입니다.

최근에는 좀 더 긍정적인 국가 이미지를 위해 국기에서 소총 이미지를 빼자는 의견도 나오고 있답니다.

수도 : 마푸투
통화 : 메티칼
공용어 : 포르투갈어
면적 : 799,380㎢
인구 : 2,657만 명
최고 높이 : 빙가산(2,437m)

모잠비크 아이들이 오와레를 하며 놀고 있다. 이는 구멍을 파낸 나무판에 씨앗을 말로 사용하는 게임이다.

리비아 Libya

수도 : 트리폴리
통화 : 리비아 디나르
공용어 : 아랍어
면적 : 1,759,540㎢
인구 : 약 665만 명
최고 높이 : 베테봉(2,286m)

 2011년, 40년간 이어진 무아마르 카다피 대령의 독재 정권이 무너졌어요. 끔찍한 유혈 전쟁 이후 자유 정부가 들어서면서 오직 초록색뿐이었던 대령의 깃발은 옛 리비아 왕국의 국기로 교체되었지요. 이는 1951년, 30년간 이탈리아의 식민지로 지냈던 리비아가 독립했을 때 완성된 국기였어요.

 현재 리비아 국기에서는 리비아의 초대 국왕 이드리스의 상징인 초승달과 별이 빨강·검정·초록 줄무늬 위로 도드라지게 보입니다. 각각의 색들은 리비아의 오래된 주(州)들, 페잔·키레나이카·트리폴리타니아 세 곳을 상징해요.

 2012년 7월 7일, 혁명 이후 한동안 혼란스러운 시기를 겪은 리비아는 마침내 자유선거를 치렀습니다.

국토의 90%가 바위와 모래로 덮여 있는 리비아에서 농사를 지으려면 오아시스가 꼭 필요하다.

세이셸 Seychelles

보이는 것처럼 세이셸의 국기는 리비아의 것과는 대조적이에요. 다양하고 독특한 구성의 색들이 특징이지요. 이 섬나라의 하얀 모래 해변과 맑고 파란 물이 어느 정도는 국기에 영감을 주었어요. 국기의 다채로운 색들을 보면 사진엽서에 어울릴 만한 세이셸의 환상적인 풍경들이 떠오르죠. 인도양과 끝없이 펼쳐진 하늘은 파란색으로 표현됩니다. 초록색은 92개나 되는 섬들과 더 작은 섬들로 구성된 이 군도의 푸르른 자연을 나타내요. 거기에 덧붙여 붉은색이 사람들의 화합을, 하얀색이 정의를 나타내고 있습니다.

수도 : 빅토리아
통화 : 세이셸 루피
공용어 : 크레올어, 프랑스어, 영어
면적 : 455㎢
인구 : 약 9만 명
최고 높이 : 세이셸루아산(905m)

코코넛은 세상에서 가장 큰 씨앗이다.

중앙아프리카공화국
Central African Republic

중앙의 빨간색 세로줄이 특징인 이 국기는 아프리카 대륙 한가운데 있는 중앙아프리카공화국이라는 나라 이름을 완벽히 표현하고 있어요. 가장 화려한 색깔을 가진 아프리카 국기들 가운데 하나예요. 그런데 이 색들은 어디서 나온 것일까요?

중앙아프리카공화국 국기는 식민 지배를 받았던 프랑스 국기의 색(파랑·하양·빨강), 여기에 동지애와 자긍심의 표시로 전통적인 아프리카 색(빨강·노랑·초록)을 합친 것이에요.

국기에 등장한 오각별은 과거 많은 갈등을 견뎌 낸 국민들 간의 화합과 이해를 상징합니다.

수도 : 방기
통화 : 중앙아프리카 CFA 프랑
공용어 : 상고어, 프랑스어
면적 : 622,984㎢
인구 : 약 562만 명
최고 높이 : 은가오우이산(1,410m)

작은 키로 유명한 피그미족은
중앙아프리카공화국·콩고민주공화국·
가봉·카메룬에 흩어져 살고 있다.

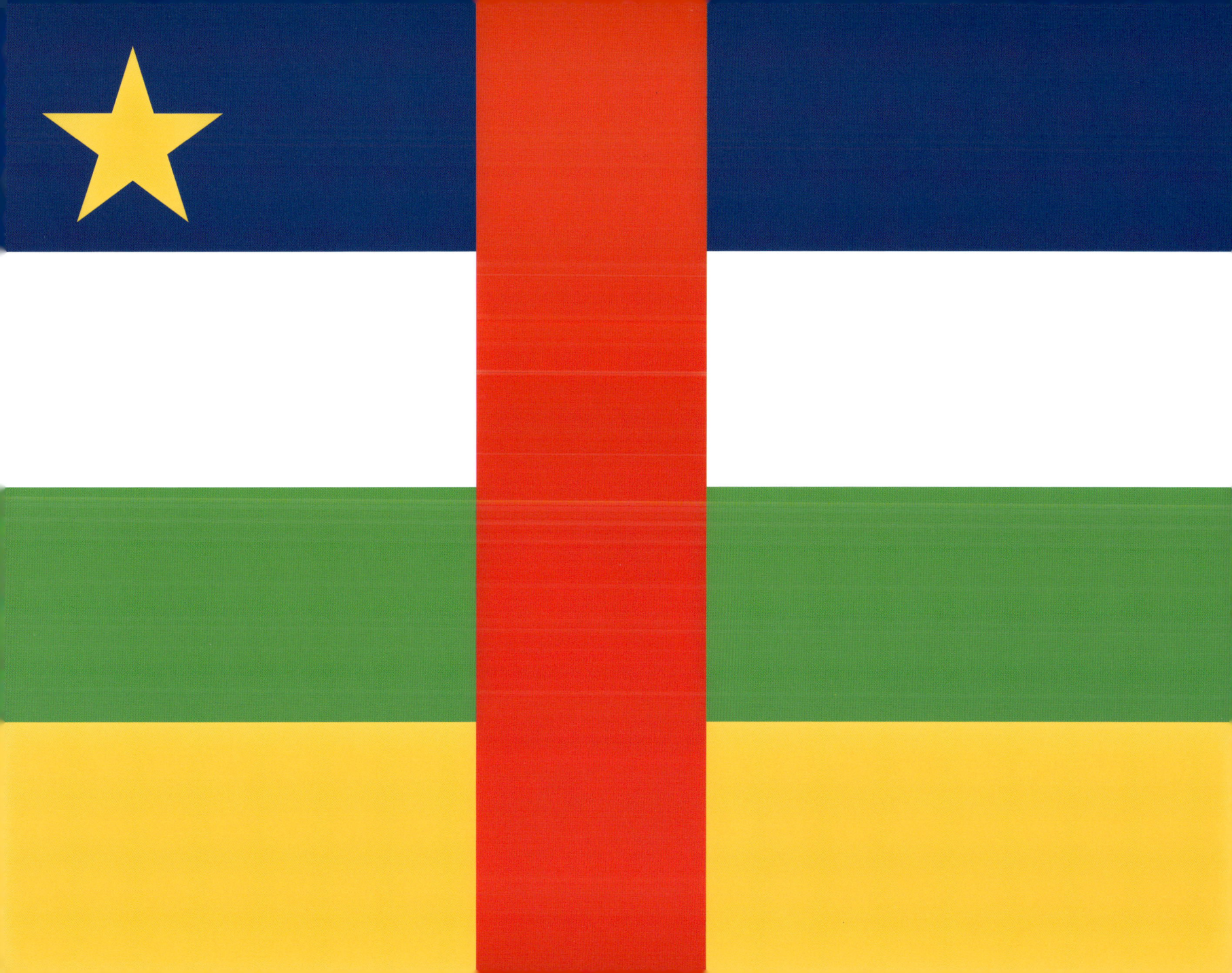

케냐 Kenya

수도 : 나이로비
통화 : 케냐 실링
공용어 : 영어, 스와힐리어
면적 : 580,367㎢
인구 : 약 4,679만 명
최고 높이 : 케냐산(5,199m)

케냐 국기는 쉽게 알아볼 수 있어요. 케냐에서 가장 유명한 전사이자 소 사육자인 마사이족들의 창과 방패 그림이 특징이지요. 이 무기들은 케냐인들이 자유를 수호할 준비가 되어 있다는 것을 보여 주고 있어요.

그런데 70개가 넘은 케냐의 인종 집단 가운데 왜 마사이족을 선택한 것일까요? 간단히 말하면 그들의 용기에 경의를 표하기 위해서입니다. 마사이족들은 그들을 현대화시키려는, 그래서 한 곳에 머물러 사는 생활 방식을 택하게 하려는 케냐 정부의 시도에 저항했어요. 마사이족들의 저항은 그들이 얼마나 자연과 밀접하게 연결되어 있는지를 보여 주었습니다.

키쿠유 언어로 '빛나는 산'이라는 뜻을 가진 '케냐'가 5,199m 높이로 서 있는 이 나라의 최고봉 케냐산의 이름이라는 사실, 알고 있었나요?

마사이족은 소를 사육한다. 케냐에는 '소 떼가 없는 남자는 남자가 아니다.'라는 속담이 있다.

레소토 Lesotho

레소토는 19세기 모슈슈 1세가 줄루족의 침략을 피해 달아난 여러 부족들을 모아 세운 나라예요.

이런 다양한 집단들을 통합하기 위해 중립적이고 쉽게 알아볼 수 있는 상징이 필요했어요. 결국 바소토 모자가 선택되었는데, 오늘날까지도 이 산악 왕국의 주민들이 즐겨 쓰는 전통 모자랍니다. 단추처럼 둥근 모양의 이 작은 나라는 남아프리카공화국 안에 위치해 있어요. 레소토의 고원 지대에서는 많은 비가 내리며, 이 비가 토양을 적시고 여러 저수지에 물을 채웁니다. 국기의 파란색과 초록색 줄무늬가 우리에게 그런 사실을 상기시켜 주며 레소토의 표어인 '평화·비·번영'을 완벽하게 표현하고 있어요.

수도 : 마세루
통화 : 로티
공용어 : 소토어, 영어
면적 : 30,355㎢
인구 : 약 196만 명
최고 높이 : 타바나은틀레냐나산(3,482m)

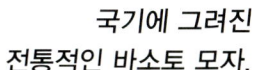

국기에 그려진
전통적인 바소토 모자.

말라위 Malawi

말라위 국기의 태양이 수평선 위로 떠오르고 있어요. 사실 '말라위'라는 이름부터 말라위 호수 위를 비추며 떠오르는 태양의 빛을 떠올리게 하지요. 국기의 검은색 바탕 위로 빛나는 태양의 31개 빛살은 말라위가 독립을 선언한 31번째 아프리카 국가임을 보여 주는 것입니다. 힘과 용기의 상징인 빨간색 줄무늬에서 나타나듯, 아주 힘들게 획득한 독립이었지요.

초록색은 (아프리카에서 세 번째로 큰) 말라위 호수를 따라 600㎞에 이르는 산악 지대로 이루어진 말라위를 표현하기 위해 선택된 것입니다. 초록색은 담배와 차를 재배하는 거대 농장이 있는 풍요로운 들판과 무성한 초목을 연상시켜요.

수도 : 릴롱궤
통화 : 콰차
공용어 : 치체와어, 영어
면적 : 118,484㎢
인구 : 약 1,919만 명
최고 높이 : 물란제산(3,048m)

말라위 호수는 아프리카에 있는 가장 큰 호수 가운데 하나이다. 그럼에도 원주민들은 여전히 우물에서 물을 길어 와야 한다.

콩고민주공화국
Democratic Republic of the Congo

2006년 2월, 콩고민주공화국의 수도 킨샤사에서는 흥분한 인파들이 거리로 나와 드럼의 리듬에 맞춰 노래하고 춤추며 새로운 정부와 국기의 탄생을 축하했어요.

조세프 카빌라는 세계에서 가장 젊은 국가 원수로, 2001년 고작 30살의 나이로 독재자 아버지의 뒤를 이었어요. 조세프 카빌라는 콩고민주공화국의 다양한 인종들 간 평화의 화합의 메시지로 새로운 국기를 채택하기로 했어요. 태양처럼 황금빛으로 빛나는 별이 이 통합을 상징합니다. 조세프 카빌라는 또한 평화를 향한 자신의 약속을 드러내길 원했고, 이 약속은 국기에 하늘색으로 표현되어 있어요.

수도 : 킨샤사
통화 : 콩고 프랑
공용어 : 프랑스어
면적 : 2,344,858㎢
인구 : 약 8,330만 명
최고 높이 : 마르게리타봉(5,122m)

매력적인 보노보(피그미침팬지)는 인간과 가장 가까운 친척이다. 포옹은 그들이 가진 습성 가운데 하나이다.

남아프리카공화국
Republic of South Africa

남아프리카공화국 국기는 다양한 색상들이 조화를 이루고 있어요. 하지만 이 나라의 역사를 돌아보면, 항상 조화를 잘 이루었던 것은 아니에요.

1948년부터 1991년까지 남아프리카공화국에는 각기 다른 네 개의 인종 집단(백인·혼혈인·반투족·인도인)이 있었고, 백인들은 나머지 세 인종을 심하게 차별했어요. 당시의 심각한 인종 차별 정책을 '아파르트헤이트'라고 부르지요.

마침내 1994년, 원주민과 백인들이 똑같이 투표할 수 있는 최초의 평등 선거가 치러졌어요. 이때 최초의 흑인 대통령 넬슨 만델라가 당선되면서 아파르트헤이트도 끝이 났지요. 이 역사적 순간을 기록하기 위해 다채로운 색의 새로운 국기가 채택되었어요. 가로로 누운 Y모양은 남아프리카의 다양한 인종들이 통합을 이룬 승리의 상징이에요.

수도 : 프리토리아
통화 : 랜드
공용어 : 아프리칸스어, 영어, 은데벨레어, 페디어, 소토어, 스와티어, 총가어, 츠와나어, 벤다어, 코사어, 줄루어
면적: 1,219,090㎢
인구: 약 5,484만 명
최고 높이: 네수티산(3,408m)

노벨 평화상 수상자인 넬슨 만델라는 남아프리카공화국이 민주주의 국가가 되기 전까지 27년간 감옥에서 지냈다.

마다가스카르

Madagascar

마다가스카르는 여우원숭이(나무에 사는 작은 원숭이)의 고향으로 유명해요. 인도양 한가운데에 있는 마다가스카르는 세계에서 네 번째로 큰 섬이에요. 국기는 아주 단순해요. 이렇다 할 장식이나 별도 없어요. 하지만 이 국기는 마다가스카르인들에게 경의를 표하고 있지요. 이들은 세 개의 직사각형으로 표현됩니다. 빨간색과 하얀색 직사각형은 다수를 차지하는 인종 집단인 호바족을 상징하고, 초록색은 그 외에 섬의 모든 소수 인종 집단, 특히 해안선을 따라 거주하는 사람들을 상징해요.

하지만 이 색들은 다른 의미도 가지고 있어요. 황토색은 대지를 덮고 있는 불그스름한 진흙인 라테라이트를 가리키지요. 하얀색은 마다가스카르의 주요 작물 가운데 하나인 쌀을 가리키는 것이고요. 그리고 초록색은 '나그네 나무'라고도 불리는 여인목을 가리키는 것으로, 마다가스카르의 상징이자 인간과 자연의 화합을 상징하기도 해요.

수도 : 안타나나리보
통화 : 아리아리
공용어 : 마다가스카르어, 프랑스어
면적 : 587,041㎢
인구 : 약 2,505만 명
최고 높이 : 마로모코트로산(2,879m)

여우원숭이처럼 마다가스카르에는 세계에서 보기 드문 매력적이고 독특한 동식물들이 산다.

앙골라 Angola

앙골라 국기의 색깔과 상징들은 분명 강렬한 인상을 남깁니다. 날이 넓고 무거운 칼인 마체테(machete)는 앙골라의 소작농들을 연상시킵니다. 마체테는 사탕수수를 베는 데 사용되니까요. 톱니바퀴는 노동자 계급의 상징입니다. 왜 이런 서로 다른 두 가지 상징이 국기에 등장하는 것일까요? 바로 이 두 계급이 앙골라의 경제를 지탱하기 때문이지요.

노란색은 풍요로운 앙골라의 국토를 떠올리게 합니다. 만약 27년이나 계속된 내전이 아니었다면 앙골라는 아프리카에서 가장 부유한 나라가 됐을지도 몰라요. 풍부한 양의 구리·석유·다이아몬드·금을 가지고 있기 때문이지요.

수도 : 루안다
통화 : 콴자
공용어 : 포르투갈어
면적 : 1,246,700㎢
인구 : 약 2,931만 명
최고 높이 : 모코산(2,620m)

사탕수수와 커피는 앙골라에서 가장 중요한 농업 자원이다.

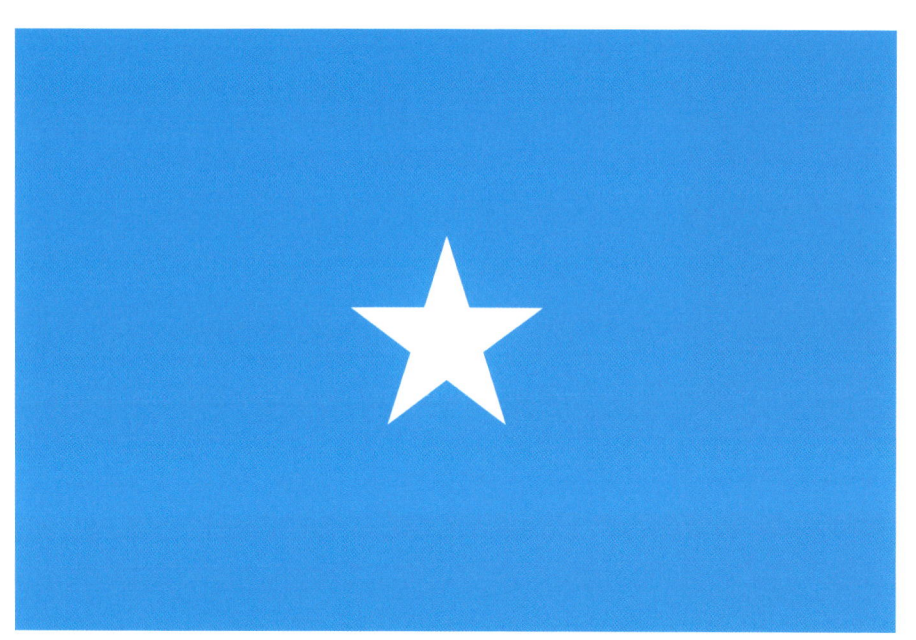

소말리아 Somalia

수도 : 모가디슈

소말리아 국기의 별은 인구의 3분의 2를 차지하는 유목민, 소말리족의 통합을 연상시킵니다. 많은 소말리족이 소말리아 국경 너머(지부티·케냐 북동부·오가덴 지역·소말릴란드 등)에서 살고 있습니다. 지리적으로 '아프리카의 뿔'이라고 알려진 지역이지요.

지부티 Djibouti

수도 : 지부티

지부티 국기에서도 별은 다양한 인종 간의 통합을 상징하는 것이에요. 두 가지 색은 지부티 인구의 다수를 차지하는 두 인종을 나타내는 것으로, 파랑은 이사족을, 초록은 아파르족을 상징하지요. 한때 서로 싸우던 두 종족은 서로 간의 차이에도 불구하고 평화롭게 살고자 하는 바람을 보여 주고 있습니다.

부룬디 Burundi

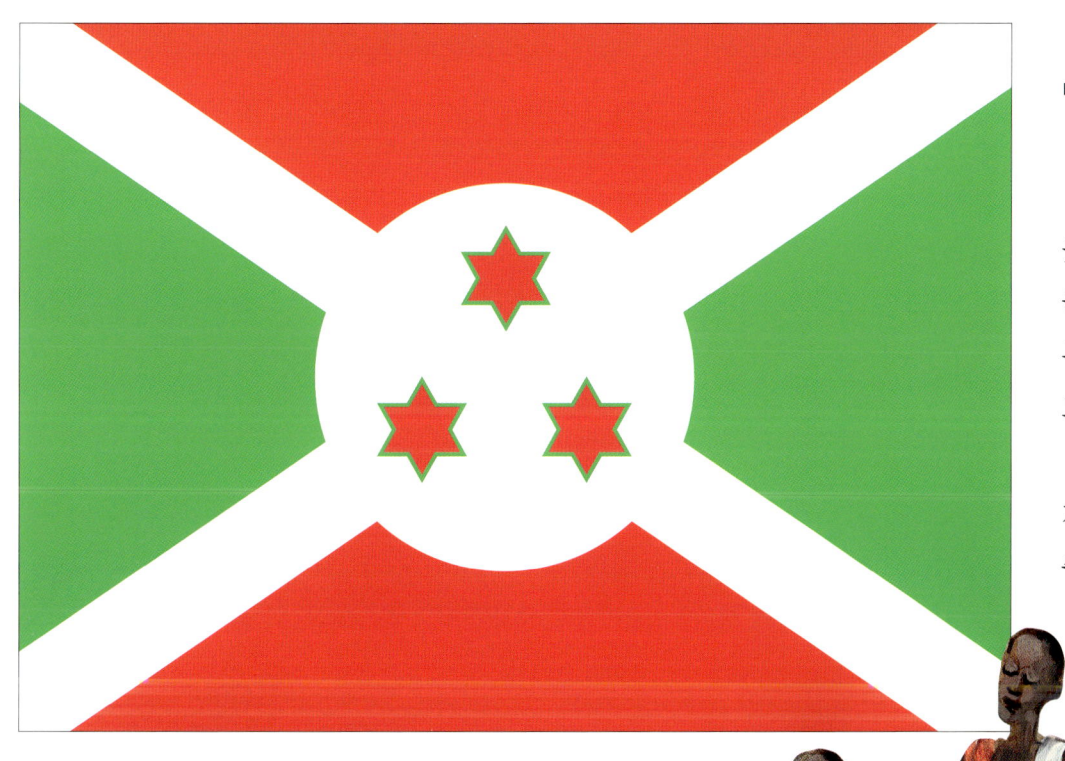

부룬디 주민들은 수백 년 동안 수수 수확을 기념해 왔어요. 기념 의식에서 남자들은 북소리에 맞춰 노래를 부르고 반원을 그리며 춤을 추지요. 1967년까지 부룬디의 초록색·빨간색·하얀색 국기 중앙에는 북 모양이 들어가 있었던 것도 그 때문이에요.

오늘날 부룬디 국기에는 국가 표어를 나타내는 세 개의 별이 그려져 있어요. 여전히 춤이 부룬디에서 중요한 역할을 하긴 하지만, '통일·노동·진보'라는 좀 더 진지한 가치를 표현했지요. 이 세 개의 별은 부룬디의 세 부족인 투시족·후투족·트와족을 나타낸다고도 합니다. 이들은 오랫동안 서로 싸웠고, 결국 수천 명이 목숨을 잃었어요. 다행스럽게도, 2003년 6월 평화 협정이 맺어졌습니다.

수도 : 부줌부라
통화 : 부룬디 프랑
공용어 : 프랑스어, 키룬디어
면적 : 27,830㎢
인구 : 약 1,146만 명
최고 높이 : 헤하산(2,670m)

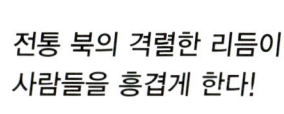

전통 북의 격렬한 리듬이 사람들을 흥겹게 한다!

라이베리아 Liberia

라이베리아 국기가 미국과의 연관성을 드러내고 있단 걸 알고 있었나요? 아프리카에 이 나라를 세운 게 바로 미국인들이지요.

라이베리아의 역사를 조금만 더 들여다보기로 해요. 미국은 1807년 노예 무역을 폐지했어요. 그건 더 이상 아프리카에서 미국 땅으로 노예를 데려올 수 없다는 의미였지요. 미국의 한 협회는 해방된 노예들이 조상들의 땅에 돌아갈 수 있도록 아프리카 대륙에 나라를 만들 생각을 해냈어요. 한 세기 동안 2만 2천 명의 해방 노예들이 이 석호와 맹그로브의 나라에 도착했어요. 나라 이름은 그 거주민들의 자유를 축하하기 위해 '해방하다(liberate)'에서 따온 '라이베리아(Liberia)'라는 이름을 붙였지요.

안타깝게도, 이 나라는 현재 온갖 무력 분쟁에 시달리며, 아프리카에서 가장 위험한 나라 가운데 한 곳이 되었어요.

수도 : 몬로비아
통화 : 라이베리아 달러
공용어 : 영어
면적 : 111,369㎢
인구 : 약 469만 명
최고 높이 : 우테베산(1,380m)

해방된 노예들이 라이베리아 해안에 내리고 있다.

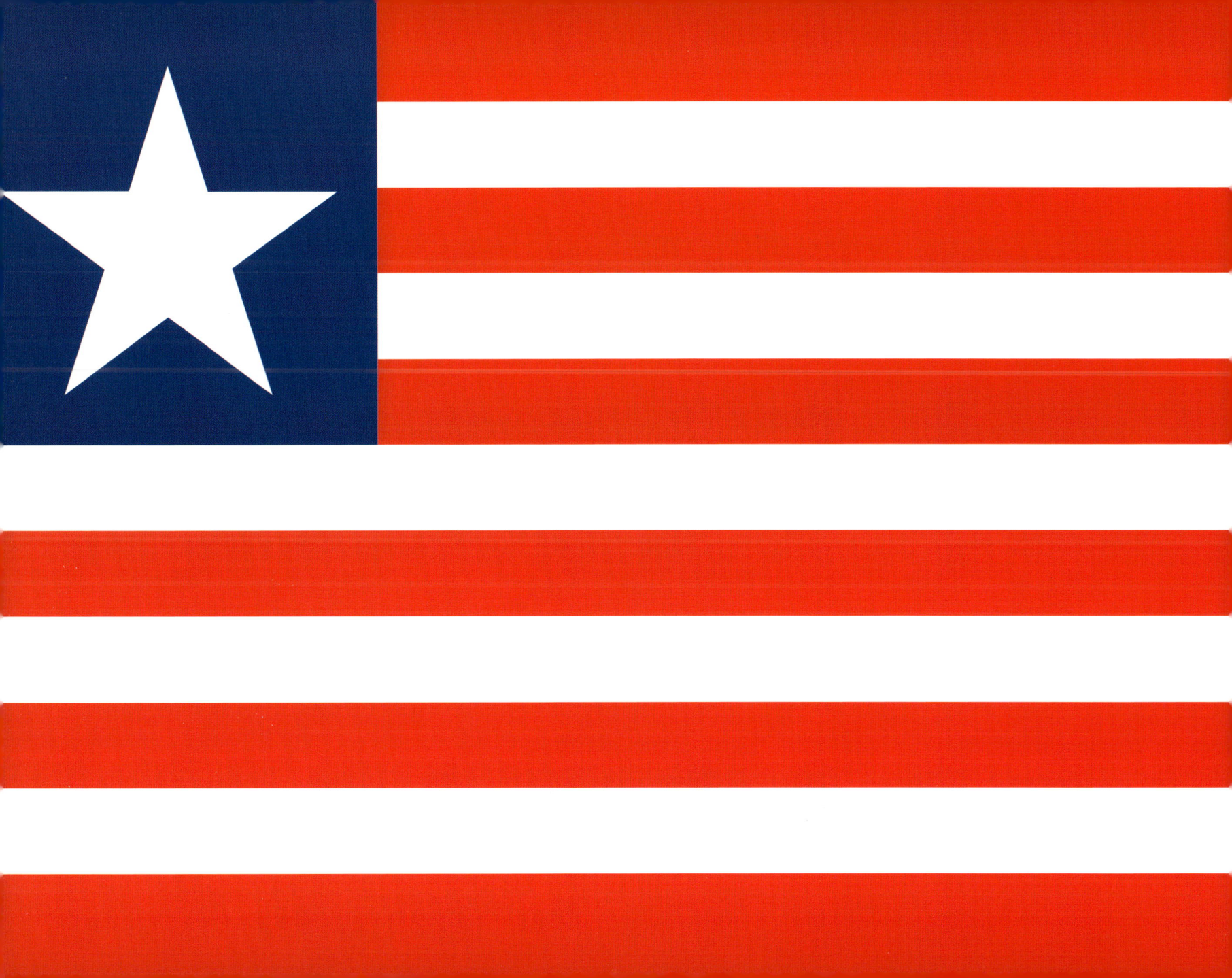

아시아 Asia

터키 Turkey

행복·건강·풍요, 초승달과 별이 환히 비추는 터키 국기에 나타난 약속들이에요. 마치 십자가가 기독교의 상징인 것처럼, 이 두 가지가 이슬람교의 상징이라는 사실을 알고 있나요? 터키 인구의 99%는 이슬람교도예요. 터키는 세계 최초로 국기에 초승달을 넣은 나라이지요. 우즈베키스탄·투르크메니스탄·아제르바이잔을 포함한 많은 나라들이 그 뒤를 따랐어요.

수도 : 앙카라
통화 : 터키 리라
공용어 : 터키어
면적 : 783,562㎢
인구 : 약 8,084만 명
최고 높이 : 아라라트산(5,165m)

15세기 터키 사람들은 이스탄불에 있는 아야 소피아 성당을 이슬람교 사원으로 바꿨다.

이스라엘 Israel

이스라엘의 국기에는 역사와 종교가 하나로 합쳐져 있어요. '다윗의 별'이라고 불리는 파란색 별은 유대인을 상징하는 것이에요. '다윗의 방패'라고도 불리는 이 상징은 한때 히브리 왕들의 부적으로 사용되었어요. 반면 제2차 세계 대전 중에는 유대인을 구별하기 위한 낙인('노란 별')으로 쓰였던 아픈 역사도 있지요.

이 별의 위쪽 꼭짓점은 천국을, 아래쪽 꼭짓점은 지상을 나타내고, 나머지는 네 개의 기본 방위인 동서남북을 가리켜요.

국기의 하얀색과 파란색은 유대인들의 기도용 숄인 '탈릿'에서 가져온 것이에요. 19세기에 만들어진 이스라엘 국기는 이스라엘이 건국된 1948년 5월에 정식으로 채택되었어요.

수도 : 예루살렘
통화 : 셰켈
공용어 : 헤브라이어, 아랍어
면적 : 20,770㎢
인구 : 약 830만 명
최고 높이 : 메롬산(1,208m)

유대인의 기도인 '테필라' 중인 가족.

우즈베키스탄 Uzbekistan

우즈베키스탄의 정복자 아미르 티무르(몽골어로 '철'을 의미하는 이름)에 대해 들어 본 적 있나요? 14세기 무시무시한 전사였던 그는 폭력과 폭정을 기반으로 우즈베키스탄에 거대한 제국을 건설했어요. 우즈베키스탄 국기에 그 흔적이 남아 있어요. 6세기가 지난 후에도, 티무르의 파란색은 여전히 국기에서 휘날리고 있으니까요.

국기 위쪽에 있는 초승달과 반짝이는 별들은 무엇을 나타내는 것일까요? 초승달 모양은 우즈베키스탄 인구의 70% 이상이 이슬람교도라는 사실을 말해 줘요. 이슬람교의 초록색도 마찬가지예요. 12개의 별은 목화를 재배하는 농민이 대다수인 국민들의 삶에 커다란 영향을 미치는 천체력의 열두 달을 상징해요.

수도 : 타슈켄트
통화 : 숨
공용어 : 우즈베크어
면적 : 447,400㎢
인구 : 약 2,975만 명
최고 높이 : 아델룽가산(4,301m)

목화 수확기에는 모두가 두 달 이상 들판에서 힘겹게 일한다.

아제르바이잔

Azerbaijan

아제르바이잔 국기는 국가가 가진 중요한 특징들을 묘사하고 있어요. 중앙의 8각 별은 아제르바이잔을 구성하는 각기 다른 8개의 민족들(아제르바이잔족·야쿠트족·타타르족·카자흐족·킵차크족 등)에 해당해요.

초승달과 초록색은 낯이 익죠? 맞아요! 이 두 가지는 아제르바이잔의 종교인 이슬람교의 상징이에요. 그럼 빨간색은 어떤가요? 빨간색이 나타내는 아제르바이잔의 특징은 무엇일까요? 빨간색은 현대화와 진보를 향한 희망을 나타내요. 또한 자유를 상징하는 것이기도 하죠.

수도 : 바쿠
통화 : 마나트
공용어 : 아제르바이잔어
면적 : 86,600㎢
인구 : 약 996만 명
최고 높이 : 바자르뒤쥐산(4,466m)

축제, 독립 기념일, 새해 첫날…
음악을 연주하는 것은 언제라도 좋다.

이슬람 종교의 상징인 초승달은 이 네 국기에도 등장해요.

이 네 나라 가운데 **싱가포르**만 유일하게 이슬람교가 우세한 나라가 아니에요. 이 섬나라에서는 모스크·고딕 성당·힌두교 신상·중국의 탑·불교 사원까지 모두 찾아볼 수 있지요.

싱가포르의 경우, 초승달은 자국의 확장과 성장을 상징해요. 그 옆에 있는 다섯 개의 별은 민주주의·평화·진보·정의·평등을 나타내는 것이고요.

몰디브 Maldives 수도 : 말레

파키스탄 Pakistan 수도 : 이슬라마바드

말레이시아 Malaysia 수도 : 쿠알라룸푸르

싱가포르 Singapore 수도 : 싱가포르

투르크메니스탄 Turkmenistan

나라의 전통을 자랑하는 국기들 사이에서도 투르크메니스탄 국기는 단연 돋보여요. 국기 왼쪽에 손으로 만든 투르크멘 카펫의 복잡한 무늬가 새겨져 있어요. 카스피해와 인접한 중앙아시아 지역에 살고 있는 유목민들의 전통적인 삶을 상징하는 것이지요.

국기의 나머지를 채운 초록색은 타타르족의 색이자, 초승달로 표현되는 이슬람교의 색이기도 해요. 이 달은 빛나는 미래를 향한 희망을 상징하는 것이기도 하지요.

평온함과 관대함을 나타내는 다섯 개의 별은 다섯 가지 감각, 즉 청각·촉각·시각·후각·미각을 상징하기도 해요. 달과 별들은 여기에서도 아주 흥미로운 의미를 가지고 있네요.

수도 : 아시가바트
통화 : 마나트
공용어 : 투르크멘어
면적 : 488,100㎢
인구 : 약 535만 명
최고 높이 : 아이리바바산(3,139m)

하나의 카펫을 짜는 데도 많은 시간이 걸린다.
카펫은 유목민 투르크멘족의
긍지와 번영을 표현한다.

키르기스스탄

Kyrgyzstan

키르기스 언어로 빨간색이 바로 '키르기스'라는 사실을 알고 있었나요? 키르기스 국기가 이 빛깔에 경의를 표하며 국가의 상징 색으로 빨간색을 선택한 것은 당연해 보입니다.

국기 중앙에 있는 태양 안에는 서로 교차하는 여섯 줄의 선이 들어간 고리 모양이 있습니다. 이게 무엇을 나타내는지 알고 있나요? '유르트'의 꼭대기 부분을 본뜬 것으로, 유르트는 이 지역의 유목민들이 사는 전통 가옥이지요.

혹독한 날씨가 찾아올 때면 키르기스인들은 자신들의 천막집을 손쉽게 해체하고, 가축들을 데리고 이동해서, 온화한 새 목초지에 빠르게 세운답니다.

수도 : 비슈케크
통화 : 솜
공용어 : 키르기스어, 러시아어
면적 : 199,951㎢
인구 : 약 579만 명
최고 높이 : 포베다산(7,439m)

이 조그만 나라는 중앙아시아에서 가장 개발이 덜 된 국가이다. 유르트는 자연과 어울려 사는 사람들에게 어울리는 집이다.

카자흐스탄

Kazakhstan

눈에 보이는 건 온통 파란색이에요! 그럴 만한 이유가 있어요. 서쪽으로는 카스피해, 동쪽으로는 알타이 산맥까지 이어지는 2,000km에 펼쳐진 고대 몽골 제국의 땅 위로 해가 지는 모습을 상상해 보세요. 카자흐스탄은 중앙아시아에서 가장 큰 나라예요. 파란색은 행복과 평온을 상징하며 카자흐스탄 국기에서 당당히 자리를 차지하고 있어요.

국기의 하늘에서 빛나는 황금빛 태양은 금과 석유 산지인 카자흐스탄의 부를 연상시키지요. 그럼 하늘을 나는 위풍당당한 모습의 새는? 날개를 펼치고 비행 중인 초원수리예요. 전통적으로 카자흐족은 독수리를 훈련시키는 데 전문가들이에요. 독수리를 이용해 토끼, 마멋, 심지어 늑대도 사냥하지요.

수도 : 아스타나
통화 : 텡게
공용어 : 카자흐어, 러시아어
면적 : 2,724,900km²
인구 : 약 1,855만 명
최고 높이 : 한텡그리산(6,995m)

카자흐족 조련사와 그의 초원수리.

몽골 Mongolia

몽골의 국기는 왼편에 있는 문양 때문에 쉽게 눈에 띄어요. '소욤보'라고 불리는 것으로, 몽골인들의 이상을 나타내는 상징물이죠. 맨 위쪽의 불은 부활과 가족 화로를 표현한 것이에요. 세 개의 불꽃은 몽골의 과거·현재·미래를 떠올리게 하고요. 그리고 동그라미는 그게 태양이든 달이든, 몽골의 종교인 불교를 이야기한 것이라고 볼 수 있어요. 서로 상반되는 자연의 기운은 음과 양의 상징, 지혜와 경계의 기호인 태극으로 표현되고 있어요. 적의 죽음은 아래쪽을 가리키는 화살표로 표시돼요. 정의와 정직은 가로로 놓인 직사각형으로 표현되며, 세로로 놓인 직사각형의 경우는 몽골을 하나로 통합하는 우정을 상징하는 것이에요. 몽골에는 "두 친구가 돌보다 강하다."라는 속담이 있지요.

수도 : 울란바토르
통화 : 투그릭
공용어 : 몽골어
면적 : 1,564,116㎢
인구 : 약 307만 명
최고 높이 : 나이라마들린 오르길(4,374m)

이 광대한 초원 국가에서 가축은 '차가운' 주둥이를 가진 무리와 '따뜻한' 주둥이를 가진 무리, 두 가지로 분류된다.

타지키스탄

Tajikistan

"천국은 일곱 개의 아름다운 과수원으로 이루어져 있고 각각 산꼭대기에 빛나는 별이 있는 일곱 개의 산으로 나뉘어 있으니……." 바로 타지키스탄의 국장인 금빛 왕관 위에 자리 잡은 일곱 개의 별의 유래예요. 타지키스탄의 파미르산맥이 '세계의 지붕'으로 불린다는 사실을 알고 있었나요? 이 산맥은 세계에서 가장 높은 봉우리 가운데 하나이며, 국기 중앙의 하얀색 줄무늬로 표현되는 것처럼 1년 내내 눈으로 덮여 있어요. 또한 하얀색은 이 중앙아시아 국가의 주요 수출 작물인 목화를 연상시키기도 하죠. 초록색 줄무늬는 산악 국가인 타지키스탄에서는 보기 힘든 계곡을 상징하지만, 타지키스탄의 공식 종교인 이슬람교의 색이기도 해요.

수도 : 두샨베
통화 : 소모니
공용어 : 타지크어
면적 : 144,100㎢
인구 : 약 847만 명
최고 높이 : 이스모일소모니봉(7,495m)

타지키스탄의 많은 지역에서는 아직도 밀을 직접 손으로 수확해 트럭에 싣는다.

조지아 Georgia

다섯 개의 십자가로 이루어진 조지아의 국기가 공식적으로 채택된 건 2004년이지만, 이미 중세 시대부터 조지아 영주들이 사용했던 깃발이에요. 국기를 네 부분으로 나누고 있는 성 조지 십자가는 성 조지의 순교를 상징해요. 그는 4세기 로마 황제 디오클레티아누스의 박해로 순교한 기독교도이지요. 군인 출신의 성인인 성 조지가 용을 무찔렀다는 전설은 중세 십자군들 사이에서 매우 유명했어요. 사실 네 개의 작은 붉은색 십자가는 이 십자군 기사들을 나타내는 것입니다.

수도 : 트빌리시
통화 : 라리
공용어 : 조지아어
면적 : 69,700㎢
인구 : 약 492만 명
최고 높이 : 시하라산(5,068m)

그리스 신화에 따르면, 이아손과 아르고 원정대가 날개 달린 황금 양의 털가죽을 찾아 떠난 곳이 조지아였다고 한다.

아르메니아

Armenia

빨강·파랑·주황, 이 삼색기가 어느 나라 국기인지 알아보겠어요? 아르메니아 국기의 색깔들은 다양한 의미를 가지고 있습니다. 흔히들 빨간색은 제1차 세계 대전 중에 터키인들로부터 나라를 지키면서 아르메니아인들이 흘린 피를 상징하는 것이라고 하지요. 주황색은 포도밭으로 유명한 아르메니아의 비옥한 땅을 나타내요. 주황색이 아르메니아에서 막대한 양이 자라는 과일인 살구의 색을 떠올리게 한다고도 합니다. 동시에 들판에서 일하는 노동자들의 고된 노동에 경의를 표하는 것이기도 하고요. 주황색이 아르메니아인들의 용기에 해당한다고 말하는 사람들도 있지요. 파란색은 구름 한 점 없이 화창한 아르메니아의 하늘을 나타냅니다.

수도 : 예레반
통화 : 드람
공용어 : 아르메니아어
면적 : 29,743㎢
인구 : 약 304만 명
최고 높이 : 아라가츠산(4,090m)

아르메니아인들의 종교는 아르메이아 정교회이다.

사우디아라비아

Saudi Arabia

아랍어를 할 줄 아나요? 그럼 '샤하다'라고 불리는 이 구절을 (오른쪽에서 왼쪽으로) 읽는 것도 거뜬히 해낼 거예요. 이슬람교의 신앙 맹세로, "알라 외에 다른 신은 없으며, 무함마드는 신의 사도이다."라는 뜻이에요. 알라 신에 대한 믿음을 국기에 표현한 것이지요.

아라비아 반도에서 가장 큰 이 나라에서는 누구든 알라를 위해 싸울 준비가 되어 있다는 사실을 칼집에서 뽑은 칼로 보여 주고 있어요.

아프가니스탄·이란·이라크·브루나이 같은 나라들도 국기에 자신들의 믿음·견해·율법을 표현하기 위해 특별한 글귀들을 써넣었어요.

수도 : 리야드
통화 : 리얄
공용어 : 아랍어
면적 : 2,149,690㎢
인구 : 약 2,857만 명
최고 높이 : 자발사우다(3,133m)

사우디아라비아는 세계에서 가장 많은 석유 및 가스 매장량을 자랑한다.

아프가니스탄 Afghanistan 수도 : 카불

이란 Iran 수도 : 테헤란

브루나이 Brunei 수도 : 반다르스리브가완

이라크 Iraq 수도 : 바그다드

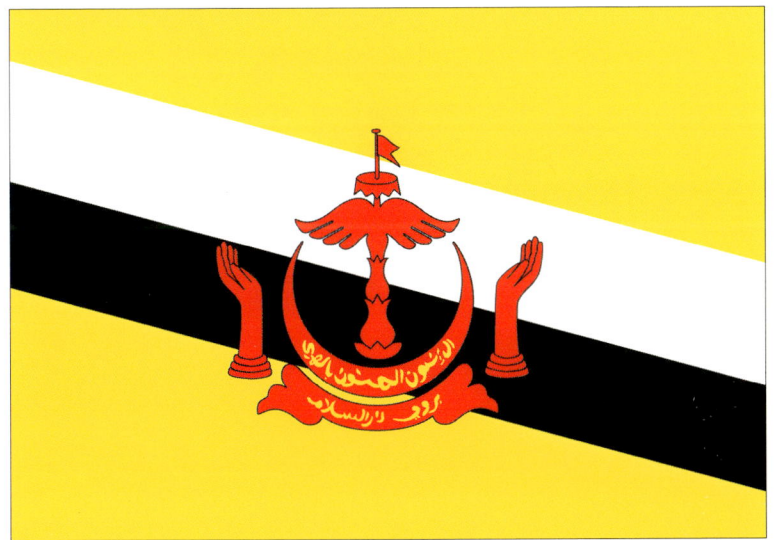

레바논 Lebanon

'가장 유명한 천연기념물'인 레바논삼나무(백향목)는 레바논 국기 중앙에 자리 잡고 있으며, 전통적인 레바논의 상징입니다. 아르즈 엘 라브(Arz el-Rab)라는 이름은 아랍어로 '신의 삼나무'를 뜻하며, 이 나무가 레바논의 이슬람교도와 기독교도들에게 얼마나 중요한지를 보여 주고 있어요. 기독교인들은 삼나무를 신성한 나무로 여기며, 이슬람교도들은 그 나무가 순수하다고 믿어요. 레바논삼나무는 레바논의 신전·교회·회교 사원에서 찾아볼 수 있으며, 힘 그리고 수백 년을 살 수 있는 까닭에 영원·신성함·평화를 상징해요. 적지 않은 무력 분쟁을 경험했던 나라에게는 매우 의미 있는 상징이지요. 사실 빨간색 줄무늬는 독립 투쟁 과정에서 생긴 모든 희생을 생각나게 합니다.

수도 : 베이루트
통화 : 레바논 파운드
공용어 : 아랍어
면적 : 10,400㎢
인구 : 약 623만 명
최고 높이 : 쿠르낫앗사우다(3,083m)

고대 페니키아인들은 삼나무로
신전과 배를 만들었다.

아랍에미리트
United Arab Emirates

150여 년 전, 해적들이 페르시아만을 종횡무진 휘젓고 다녔어요. '해적 해안'이라고 불리기까지 한 이 지역들은 결코 안전하지 않았지요. 1853년, 영국은 에미리트(부족장이 통치하는 토후국이라는 뜻)라 불리는 이곳의 작은 국가들과 영구적인 해상 휴전 협정을 맺었습니다. 이 에미리트들은 협약국(Trucial States)이라는 이름으로 재편성되었고 영국의 보호 아래 놓이게 되었어요. 아랍에미리트에는 일곱 개의 에미리트가 있지요. 이제 해안은 안전하며 국가의 중립성은 국기의 하얀색 줄무늬로 상징됩니다.

초록색이 전통적인 이슬람교의 색깔이라는 것은 이제 확실히 알 거예요. 하지만 초록색은 이 지역의 풍요로움을 나타내기도 해요. 한편 빨강·하양·검정은 20세기 초 아랍혁명을 떠올리게 하지요. 검정색은 또한 이 나라에서 넘치게 흐르는 석유를 연상하게 합니다.

수도 : 아부다비
통화 : 디르함
공용어 : 아랍어
면적 : 83,600㎢
인구 : 약 607만 명
최고 높이 : 이비르산(1,527m)

19세기까지 해적들에게 붙잡히지 않고 해적 해안을 지나가는 것은 매우 어려운 일이었다.

이라크와 아랍에미리트 국기와 마찬가지로 이 국기들도 범아랍색을 포함하고 있어요.

이 국기들은 모두 아랍혁명 기로부터 유래된 것입니다. 20세기 초에 일어난 아랍혁명의 목적은 오스만 제국의 지배를 받던 아랍 국가들을 해방시키는 것이었지요.

초록색은 전통적으로 이슬람교를 상징해요. 다른 색들은 이 아랍 국가들이 겪어야 했던 여러 차례의 힘든 시기들을 떠올리게 하지요. 검은색은 압제를 받던 시기를, 빨간색은 혈전을 벌이는 시기를 연상시키죠. 하얀색은 미래에 대한 희망을 상징해요. 이 색들은 아랍 왕조의 색들과 일치합니다.

요르단 Jordan 수도 : 암만

쿠웨이트 Kuwait 수도 : 쿠웨이트

예멘 Yemen 수도 : 사나

시리아 Syria 수도 : 다마스쿠스

바레인 Bahrain

바레인의 국기는 뾰족한 다섯 개의 톱니가 있어요. 왜일까요? 2002년 2월 18일, 불과 며칠 전 스스로 왕이라고 선포한 바레인의 에미르(군주)가 국가의 종교에 경의를 표하기로 결정했기 때문이에요. 다섯 개의 뾰족뾰족한 끝은 바레인 국기를 두 가지 색으로 나누며, 이슬람교의 다섯 기둥을 상징해요. 바로 신앙 고백·기도·희사·라마단 기간의 단식·성지 순례이지요.

수도 : 마나마
통화 : 바레인 디나르
공용어 : 아랍어
면적 : 760㎢
인구 : 약 141만 명
최고 높이 : 두칸산(122m)

섬나라인 바레인은 페르시아만에 있는 국가 중 최초로 석유 수출을 시작했다. 이 '검은색 금'은 바레인을 가로지르는 송유관을 통해 운반된다.

카타르 Qatar

수도 : 도하
통화 : 리얄
공용어 : 아랍어
면적 : 11,586㎢
인구 : 약 231만 명
최고 높이 : 쿠라인아부알바울(105m)

카타르와 바레인 국기를 혼동하는 일은 없도록 해요. 두 국기가 놀랄 정도로 닮은 게 사실이지만 서로 구별되는 몇 가지 요소들이 있어요. 먼저 카타르 국기는 길어요. 사실 그 어떤 국기보다 길지요. 게다가 카타르 국기의 톱니 모양 띠는 바레인은 5개인 데 반해 9개의 톱니 날을 가지고 있지요.

두 국기는 색깔도 달라요. 오래전 카타르는 식물성 염료를 사용해 국기에 새빨간 색을 입혔어요. 하지만 햇빛에 노출되면서 점점 색이 바랬고, 결국 검붉은 색으로 바뀌었지요. 그렇게 해서 아라비아 반도 북쪽에 위치한 이 왕국은 최종적으로 검붉은 색을 국기 색으로 채택하게 되었어요.

오만 Oman

오만 사람들은 3세기 동안 칼과 잠비아(굽은 형태의 단검)로 자신들의 영토를 지켜 왔습니다. 그래서 국기에 재현된 이 무기들은 확실하게 검증된 오만 술탄국의 상징들이랍니다. 18세기 이래로 독립을 유지한 오만 왕가가 이 전쟁 무기들을 자랑스럽게 국기에 그려 넣는 것은 어찌 보면 당연한 일이지요.

오만은 아라비아 반도 동쪽 끝에 있는 나라예요. 전통적인 페르시아만 국가들의 색인 빨간색이 국기에 쓰인 것도 그 때문이죠. 이슬람교의 색인 초록색은 아크다르 산맥('녹색 산맥'이라는 뜻)과 그곳의 계단 밭을 상징해요.

수도 : 무스카트
통화 : 리얄
공용어 : 아랍어
면적 : 309,500㎢
인구 : 약 342만 명
최고 높이 : 쟈발샴(3,035m)

이 산악 국가에서 계단식 밭은 작물을 평평한 땅에서 키우기 위해 만들어졌다. 이런 농법을 계단 경작이라고 부른다.

미얀마 Myanmar

한때 버마라고 불리던 미얀마는 아시아 몬순(계절풍)의 영향 아래 있어요. 인도양으로 흘러드는 이라와디 삼각주의 비옥한 토양은 미얀마에게 세계적인 쌀 생산지라는 명성을 안겨 주었어요.

2010년, 미얀마는 국기에 새로운 색깔들을 채택했어요. 그 전까지는 빨간색과 파란색에 벼 줄기를 그려 넣은 국기를 사용했지요. 새로운 국기에는 노란색·초록색·붉은색 띠가 들어갔어요. 노란색은 사람들의 단결과 이 아시아 국가를 비추는 태양을 상징해요. 초록색은 비옥한 땅을 나타내며 이곳 사람들이 바라는 평온과 평화를 상징하기도 해요. 붉은색은 미얀마 사람들의 결단력과 용맹을 뜻하는 것이에요. 국기 중앙의 커다란 하얀색 별에는 미얀마연방공화국이 오랫동안 지속되는 안정적인 나라가 되길 바라는 희망이 담겨 있어요.

수도 : 네피도
통화 : 쟈트
공용어 : 미얀마어
면적 : 676,578㎢
인구 : 약 5,512만 명
최고 높이 : 카까보라지산(5,881m)

파다웅족은 어린 시절부터 목에 고리를 착용한다.

캄보디아 Cambodia

  천 년의 역사를 자랑하는 캄보디아 왕국의 국기에는 세계에서 가장 아름다운 사원 가운데 하나인 앙코르와트가 나와요. 무성한 밀림 한가운데 위치한 이 크메르 제국의 옛 수도 유적은 유네스코 세계 문화유산으로 지정되었으며, 매년 놀라움에 찬 수천 명의 관광객들을 끌어들이고 있어요.

  빨간색 배경 위에 자리 잡은 하얀색 불교 사원은 캄보디아 사람들을 의미해요. 가장자리를 이루는 두 개의 파란색 줄무늬는 군주제를 상징하는 것이고요. 파란색·빨간색·하얀색은 캄보디아의 이웃 나라인 라오스와 타이 국기에서도 사용되는 색이랍니다.

수도 : 프놈펜
통화 : 리엘
공용어 : 크메르어
면적 : 181,035㎢
인구 : 약 1,620만 명
최고 높이 : 프놈아오랄산(1,813m)

자전거는 캄보디아에서 가장 흔하게 사용되는 교통수단이다. 편리한 이동 수단일 뿐만 아니라 물건이나 동물을 나를 때도 사용된다.

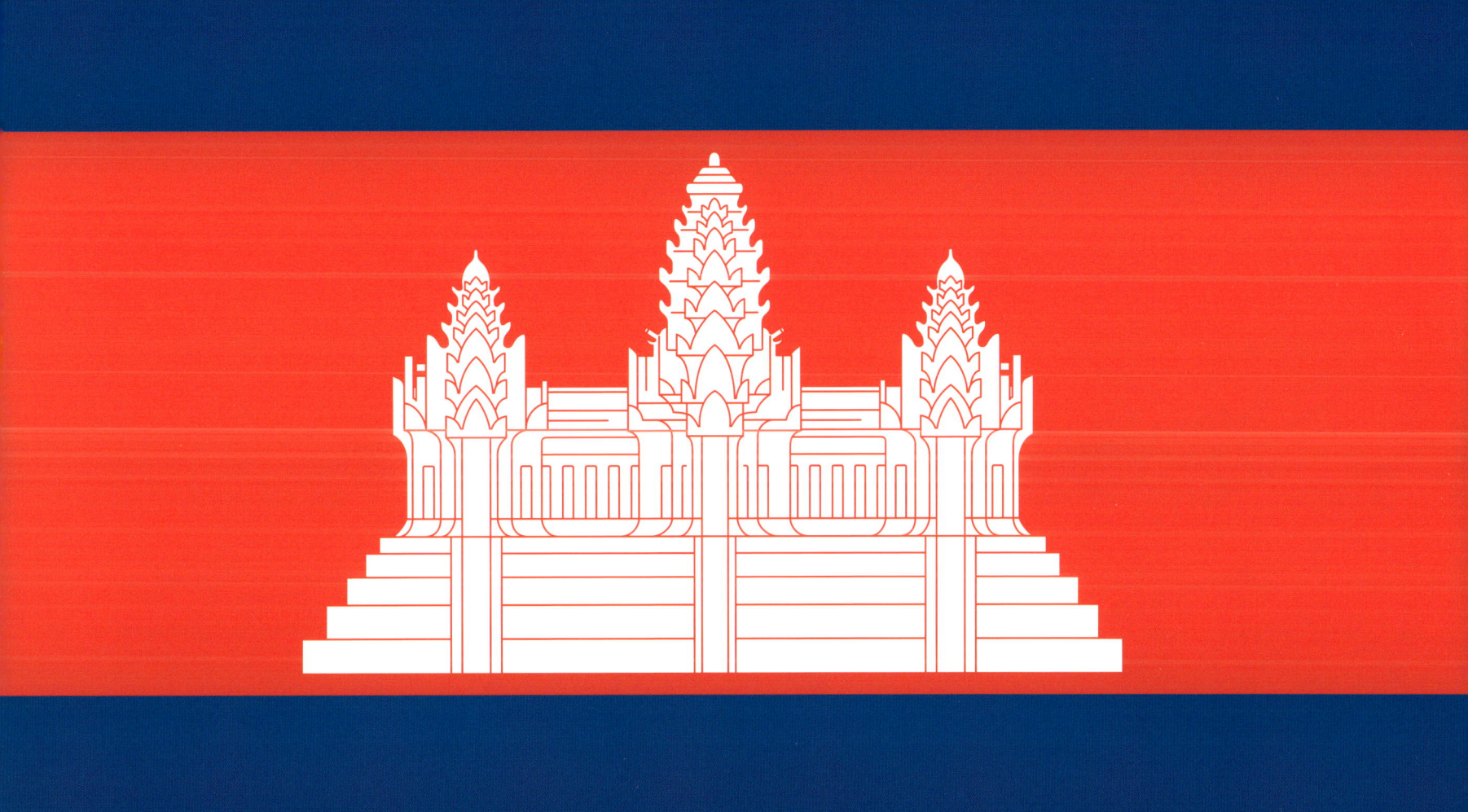

타이 Thailand

'흰 코끼리의 나라' 태국의 국기에는 1917년까지 코끼리가 있었어요. 왜 코끼리가 사라졌는지 알고 있나요? 사연은 이래요. 백여 년 전, 당시 타이를 통치하던 왕조는 흰 코끼리를 상징으로 사용했고, 국기에도 등장시켰어요. 그런데 어느 날, 왕은 깃대에 깃발이 거꾸로 달린 모습을 보았는데, 전혀 왕족답지 않은 자세의 코끼리가 보였어요. 이런 일이 다시는 발생하지 않도록, 왕은 코끼리를 없애고 대신 고대 시암 왕국의 색인 감청색을 넣은 대칭 구조의 국기를 만들었어요.

이 색깔 줄무늬들은 제2차 세계 대전 연합국인 프랑스·영국·미국·러시아에 경의를 표하는 것이라고도 해요. 모두 국기에 이 색들을 사용하고 있는 나라지요. 연대감을 보여 주는 방법치곤 참 과감하죠?

수도 : 방콕
통화 : 밧
공용어 : 타이어
면적 : 513,120㎢
인구 : 약 6,841만 명
최고 높이 : 도이 인타논(2,590m)

마법 같은 힘을 지녔다고 전해지는 흰 코끼리는 매우 희귀한 알비노 동물이다.

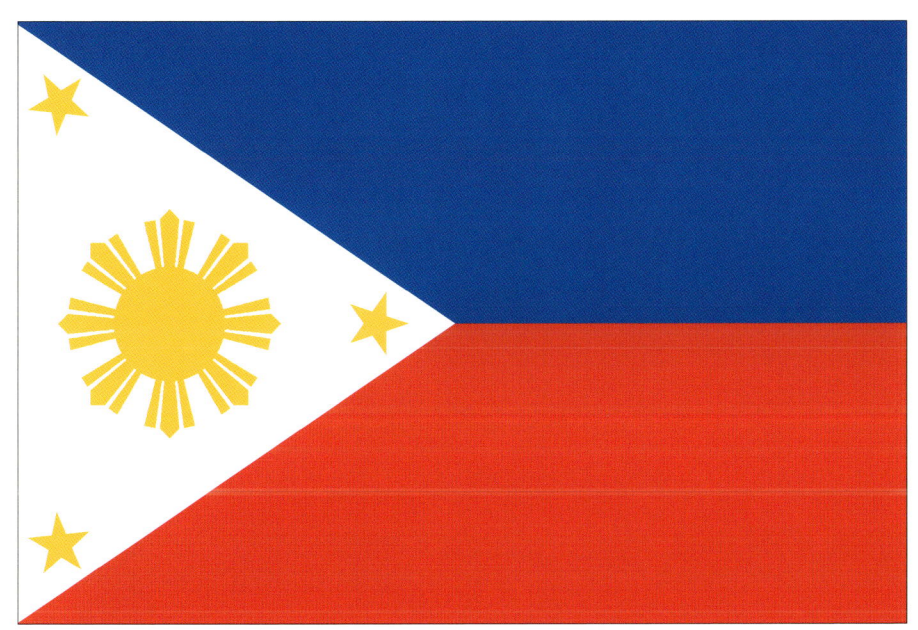

필리핀 Philippines

수도 : 마닐라

만약 필리핀을 방문하게 되거든, 필리핀 국기를 잘 살펴보세요. 파란색 줄무늬는 평화·진실·정의를 상징하고, 붉은색 줄무늬는 애국심과 용기를 상징해요. 하지만 만약 이 색 줄무늬들이 반대로(붉은색이 위, 파란색이 아래로) 되어 있으면 조심하세요. 필리핀에서는 색이 반대로 되어 있으면, 그건 나라가 전쟁 중이라는 의미예요.

인도네시아 Indonesia

수도 : 자카르타

인도네시아 국기의 색 줄무늬들은 뒤집히는 일이 생겨서는 안 돼요. 뒤집히면 폴란드 국기와 구별하기가 힘들어지니까요. 이미 눈치챘겠지만 인도네시아 국기는 모나코 국기와 아주 똑같아요. 면적이 약 2,000,000㎢에 달하는 세계에서 가장 큰 군도에 비하면 2㎢ 크기의 모나코는 조그만 바위 수준이지만요. 두 나라의 유일한 공통점이 아닐까요?

부탄 Bhutan

용이 존재할까요? 누구도 쉽게 대답하기 힘든 질문이지만 부탄 사람들의 생각은 달라요. 부탄의 공식 명칭은 종카어로 용의 나라를 뜻하는 '드룩 율'입니다. 그러니 국기에 불을 뿜는 용이 그려져 있는 것도 당연한 일이겠지요.

이 전설적 동물은 서구 사회에서 종종 사악함을 나타내지만, 아시아에서는 행운의 동물로 여겨집니다. 용이 입으로 내뿜는 불꽃은 나쁜 영혼들을 쫓는 한편, 중국과 인도, 두 거인 사이에 끼어 있는 이 작은 나라의 힘을 상징해요.

용이 발톱으로 움켜잡고 있는 진주들은 부와 번영을 상징하는 것이에요. 오늘날, 부탄은 세계에서 마지막 남은 불교 왕국이에요. 그럼 부탄은 누가 통치하고 있을까요? 지구상에서 유일한 '용왕(드룩 갈포)'이랍니다. 무서워할 필요는 없어요. 그건 그냥 왕을 부르는 별칭니까요.

수도 : 팀푸
통화 : 눌트럼
공용어 : 종카어(티베트어 방언)
면적 : 38,394㎢
인구 : 약 76만 명
최고 높이 : 쿨라캉리(7,553m)

부탄의 야크 떼는 고대 시대를 떠올리게 한다.

스리랑카 Sri Lanka

스리랑카 국기에서는 동물의 왕이 칼을 휘두르며 인도양에 있는 이 섬나라에 자신이 가진 모든 힘을 쏟아붓고 있어요. 왜일까요? 이유는 단순해요. 스리랑카의 이전 이름인 '실론'이 사자를 의미하는 '신할라'에서 유래되었기 때문이에요. 실론하면 반드시 떠오르는 게 또 있지요. 바로 차예요. 그 유명한 실론티는 여기서 유래되었지요.

1972년 최종적으로 채택된 스리랑카라는 이름은 '찬란한 땅'이라는 뜻으로, 스리랑카가 천상의 풍경을 가진 데서 붙여진 이름이에요. 이 섬나라는 모자이크처럼 여러 종교로 구성되어 있고, 스리랑카의 국기도 그걸 담아내려고 시도하고 있지요. 초록색은 이슬람교를, 샤프란은 힌두교를 나타내고 있어요. 불교의 신성한 나무인 보리수나무 잎은 진홍색 직사각형의 네 귀퉁이에 자리 잡고 있어요. 이 잎들은 친절·우정·행복·평정을 상징해요.

수도 : 콜롬보
통화 : 스리랑카 루피
공용어 : 신할리어, 타밀어, 영어
면적 : 65,610㎢
인구 : 약 2,241만 명
최고 높이 : 피두루탈라갈라산(2,530m)

불교를 창시한 싯다르타는 보리수나무 아래에서 깨우침을 얻고 부처가 되었다.

인도 India

인도 국기는 아프리카 니제르 국기와 비슷해 보이지만, 중앙에 고대 불교의 상징인 '차크라' 바퀴가 있다는 커다란 차이가 있어요. 바다와 하늘처럼 파란 차크라는 존재의 유한함을 떠올리게 할 뿐만 아니라, 인도 사람들에게 동기를 부여하는 활력과 움직임을 표현하고 있어요.

인도양과 면하고 있는 이 거대 국가에서는 종교가 중요한 역할을 담당해요. 국기의 색들이 그 사실을 상기시켜 주지요. 힌두교도는 용기와 희생의 색인 주황색으로 표현되며, 이슬람교도는 이슬람·신앙·명예의 색인 초록색으로 표현돼요.

수도 : 뉴델리
통화 : 인도 루피
공용어 : 힌디어, 영어, 21가지 기타 언어
면적 : 3,287,263㎢
인구 : 약 12억 8,193만 명
최고 높이 : 칸첸중가(8,598m)

인도인들은 갠지스강을 신성하게 여긴다.
힌두교도들은 갠지스강에 찾아와
몸을 씻고, 시신을 태운다.

대한민국 Republic of Korea

　대한민국의 국기는 태극기라고 불리는데, '태극'이란 중앙에 있는 음양의 상징을 가리키는 것이에요. 그런데 그게 무슨 뜻일까요? 음양은 무한함·완벽함·영원함을 상징해요. 두 개의 큰 쉼표 모양이 하나로 합쳐져 완전한 원을 형성하지요. 중국 철학에서 이 원은 붉은색의 태양(양)과 푸른색의 밤(음)의 합일을 나타냄과 동시에 긍정과 부정, 남성과 여성을 나타내기도 한답니다. 우주가 처음 형성된 순간인 '빅뱅'의 기원에 이러한 상징들이 있었지요. '4괘' 혹은 '건곤감리'라고 불리는 국기의 검은 줄무늬들은 사계절뿐만 아니라 하늘·땅·물·불을 상징한답니다. 흰색 바탕은 밝음과 순수 그리고 평화를 사랑하는 마음을 나타내지요.

수도 : 서울
통화 : 원
공용어 : 한국어
면적 : 99,720㎢
인구 : 약 5,178만 명
최고 높이 : 한라산(1,947m)

수도인 서울에서는 특별한 전통 양식으로 지어진
아름다운 궁궐과 성문들을 볼 수 있다.

북한

Democratic People's Republic of Korea

'조용한 아침의 나라'가 남과 북으로 갈라지고 새로운 정체성의 상징으로 이 국기를 채택한 것은 1948년이었어요.

두 개의 파란색 줄무늬는 평화를 의미하고, 붉은색은 북한의 정치 이념인 사회주의를 나타내는 것이에요. 중앙에 있는 붉은 별 또한 사회주의를 나타내는 것이고, 별을 감싸고 있는 하얀색 원은 음양 사상을 나타내요. 중국 철학에서 음양은 완벽함·무한함·영원함을 상징해요. 바로 '태극'이라고 불리는 것이지요.

수도 : 평양
통화 : 북한 원
공용어 : 한국어
면적 : 120,538㎢
인구 : 약 2,524만 명
최고 높이 : 백두산(2,744m)

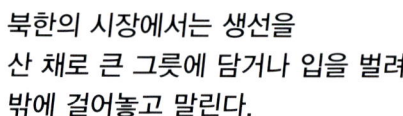

북한의 시장에서는 생선을 산 채로 큰 그릇에 담거나 입을 벌려 밖에 걸어놓고 말린다.

네팔 Nepal

네팔 국기는 세계에서 유일하게 사각형이 아니라는 특징을 갖고 있어요. 두 개의 삼각형은 지구상에서 가장 높은 산맥으로, 산 정상 고도가 7,000m를 넘는 산이 250여 개나 되는 히말라야를 상징합니다. 이 삼각형들은 또한 네팔의 두 가지 주요 종교인 불교와 힌두교를 떠올리게 하지요.

두 개의 천체는 국가가 태양과 달처럼 길이 지속되기를 바라는 염원을 상징해요. 붉은색에서 네팔의 국화인 랄리구라스가 연상되며, 파란색 테두리는 평화를 상징합니다.

수도 : 카트만두
통화 : 네팔 루피
공용어 : 네팔어
면적 : 147,181㎢
인구 : 약 2,938만 명
최고 높이 : 에베레스트산(8,848m)

네팔의 깊은 산중에서 색색의 기도 깃발들이 바람에 펄럭인다.

일본 Japan

13세기에 승려 하나가 태양신의 후예로 여겨졌던 일본 천황에게 일장기를 바쳤어요. 일본 국민들이 신봉하는 여러 신들 중에서도 태양의 여신 아마테라스는 가장 숭배되는 신이에요. 일본이라는 이름도 '태양의 근원'을 의미해요.

처음에 이 깃발은 일본을 다스렸던 도쿠가와 막부가 사용한 것이었어요. 1870년 일본 정부가 공식 채택했지요.

붉은 원은 태양을 연상시키는 동시에 열정과 성실을 상징하며, 하얀색은 정직과 순수를 상징해요.

수도 : 도쿄
통화 : 엔
공용어 : 일본어
면적 : 377,915㎢
인구 : 약 1억 2,645만 명
최고 높이 : 후지산(3,776m)

일본 사람들은 중요한 행사가 있을 때면 여전히 전통 의상인 기모노를 입는다.

방글라데시
Bangladesh

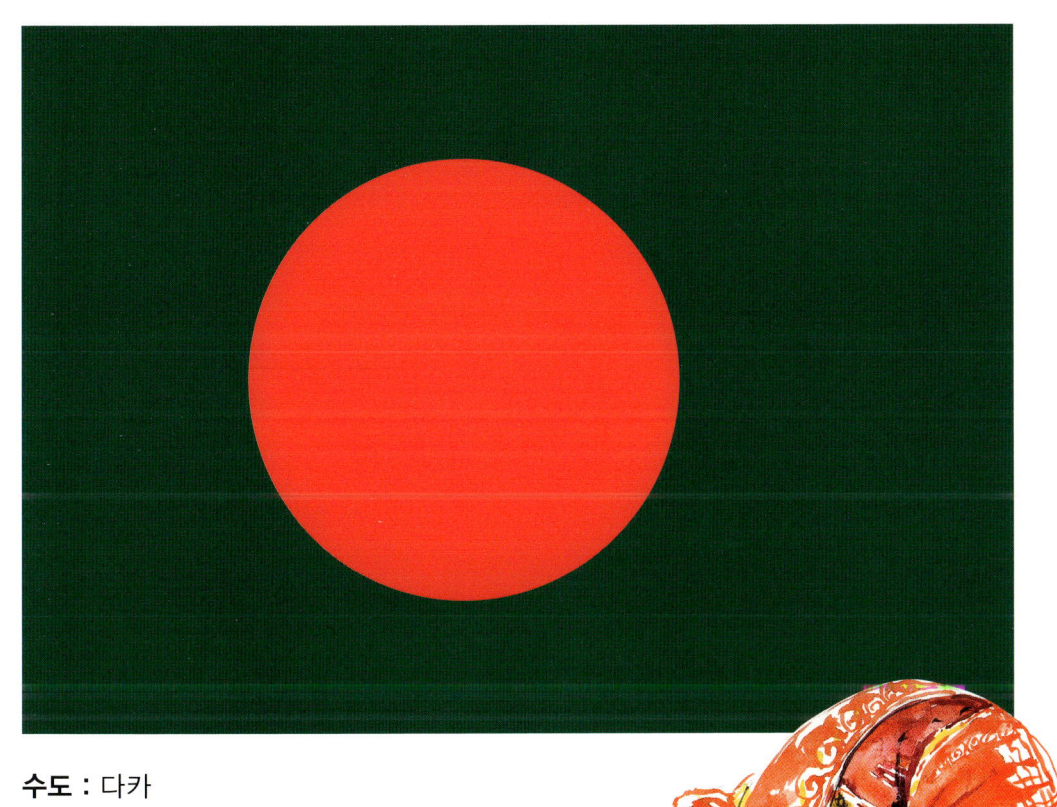

방글라데시 국기에는 눈부신 태양이 등장해요. 불타는 붉은색은 어렵게 얻은 자유와 파키스탄과의 전쟁에서 사람들이 흘린 피를 상징하지요. 1947년 독립을 이룰 때까지 인도는 영국의 식민지였어요. 독립할 당시, 인도는 힌두교 신자가 대다수를 차지하는 인도 연방과 이슬람교 신자가 대다수인 파키스탄이라는 다른 두 개의 나라로 갈라졌지요. 인도 동쪽에 있던 방글라데시는 파키스탄에 편입되었다가, 1971년에 독립을 쟁취했어요.

방글라데시는 계절풍 몬순이 빈번하게 찾아오며, 인도양과 면한 갠지스-브라마푸트라강 삼각주는 자주 범람한답니다. 하지만 이 태양과 비가 결합하여 방글라데시의 무성한 초목, 푸른 논, 그리고 방글라데시가 세계 주요 생산지인 황마가 만들어지지요.

수도 : 다카
통화 : 타카
공용어 : 벵골어
면적 : 148,460㎢
인구 : 약 1억 5,782만 명
최고 높이 : 케크라동(1,230m)

몸에 두르는 형태의 드레스인 '사리'는 방글라데시 여성들이 입는 전통 의상이다.

동티모르 East Timor

동티모르의 국기는 티모르섬 위로 위풍당당하게 휘날리고 있어요. 동티모르는 이 섬을 거대한 이웃나라, 인도네시아와 나눠 갖고 있지요. 동티모르는 섬을 지배하려고 했던 이들과의 갈등으로 힘든 과거를 가지고 있어요. 국기를 뒤덮은 붉은색은 포르투갈 식민지에서 벗어나기 위한 투쟁과 뒤이어 동티모르를 점령했던 인도네시아와의 투쟁을 상징해요.

노란색과 검정색 삼각형은 나라의 자유를 위해 싸웠던 정당들의 각기 다른 색에 해당해요. 그럼 이 선명한 색들 속에서 빛나는 하얀 별이 의미하는 것은 뭘까요? 그 별은 사람들을 미래로 인도하는 빛이에요. 2001년 4월 열렸던 최초의 선거 같은 것이겠죠. 가능성으로 가득한 미래 말이지요.

수도 : 딜리
통화 : 미국 달러
공용어 : 테툼어, 포르투갈어
면적 : 14,874㎢
인구 : 약 129만 명
최고 높이 : 타타마일라우산(2,960m)

동티모르는 커다란 인도네시아 군도 남쪽, 사우해와 티모르해 사이에 위치하고 있다.

라오스 Laos

하얀 달이 파란색 넓은 줄무늬로 상징되는 메콩강 위로 떠오르고 있어요. 메콩강은 라오스의 중심축이자 농작물에 물을 대는 원천입니다. 메콩강은 인도차이나 반도 한가운데 위치한 라오스의 번영을 상징해요. 이 나라가 오랜 분쟁에 휘말리기 전, 국기에는 거대한 코끼리가 그려져 있었어요. 사실 라오어로 'Lan Xang'이라는 나라 이름은 '100만 마리 코끼리'라는 뜻이에요.

금·석고·주석 같은 라오스의 천연자원은 국기에 붉은색으로 표현되어 있어요.

수도 : 비엔티안
통화 : 키프
공용어 : 라오어
면적 : 236,800㎢
인구 : 약 712만 명
최고 높이 : 비아산(2,818m)

라오스에서 춤은 어린 시절부터 배우는 전통적인 예술 형태다. 이 훈련에는 우아함, 끈기, 참을성이 필요하다.

중국 China

다섯 개의 별이 있는 붉은 깃발은 세계에서 가장 인구가 많은 이 나라의 정치 역사와 밀접한 관련이 있어요.

빨간색과 노란색은 전통적으로 황제의 색이며, 국기에 있는 별의 숫자인 다섯은 중국인들에게는 행운의 숫자로 여겨져요. 하지만 빨간색은 수십 년간 중국의 집권당이었던 공산당의 색이기도 하죠. 국기에서 가장 큰 별은 사실 중국 공산당을 가리키는 거예요.

작은 네 개의 별이 가진 의미는 공식적으로 밝혀진 바가 없지만, 공산주의에서 정의하는 네 개의 사회 계급(노동자·소작농·부르주아·자본가)을 나타내는 것으로 여겨진답니다.

수도 : 베이징
통화 : 위안
공용어 : 만다린 중국어
면적 : 9,596,960㎢
인구 : 약 13억 7,930만 명
최고 높이 : 에베레스트산(8,848m)

1950년대 마오쩌둥 정부 시기 교복을 입은 아이들의 모습.

베트남 Vietnam

베트남은 세계에서 몇 남지 않은 공산주의 국가 가운데 하나예요. 국기에 있는 노란색 오각별은 다른 공산 국가들의 경우와 마찬가지로 이 체제의 상징이지요. 별이 있는 중국의 국기, 하얀 원 안에 별이 있는 북한의 국기, 그리고 쿠바의 국기를 한번 보세요.

붉은색은 독립을 위해 싸운 베트남 국민들이 흘린 피를 의미해요. 베트남 사람들에게 이 국기는 독립과 지표를 상징해요. 별의 5개 모서리는 노동자·소작농·지식인·젊은이·군인들에게 단결을 향한 요구를 상기시켜 줍니다.

수도 : 하노이
통화 : 동
공용어 : 베트남어
면적 : 331,210㎢
인구 : 약 9,616만 명
최고 높이 : 판시판(3,143m)

하롱베이는 무려 1,969개나 되는 크고 작은 섬들과 돌출 바위로 이루어진 만으로 베트남에서 가장 아름다운 자연 경관이다.

찾아보기

ㄱ

가나 · · · · · · · 108
가봉 · · · · · · · 114
가이아나 · · · · · · · 76
감비아 · · · · · · · 114
과테말라 · · · · · · · 67
그레나다 · · · · · · · 74
그리스 · · · · · · · 45
기니 · · · · · · · 109
기니비사우 · · · · · · · 109

ㄴ

나미비아 · · · · · · · 121
나우루 · · · · · · · 91
나이지리아 · · · · · · · 115
남수단 · · · · · · · 105
남아프리카공화국 · · · · · · · 134
네덜란드 · · · · · · · 34
네팔 · · · · · · · 179
노르웨이 · · · · · · · 15
뉴질랜드 · · · · · · · 88
니제르 · · · · · · · 120
니카라과 · · · · · · · 67

ㄷ

대한민국 · · · · · · · 176
덴마크 · · · · · · · 14
도미니카공화국 · · · · · · · 80
도미니카연방 · · · · · · · 60
독일 · · · · · · · 24
동티모르 · · · · · · · 182

ㄹ

라오스 · · · · · · · 183
라이베리아 · · · · · · · 140
라트비아 · · · · · · · 22
러시아 · · · · · · · 16
레바논 · · · · · · · 160
레소토 · · · · · · · 131
루마니아 · · · · · · · 33
룩셈부르크 · · · · · · · 31
르완다 · · · · · · · 124
리비아 · · · · · · · 126
리투아니아 · · · · · · · 20
리히텐슈타인 · · · · · · · 41

ㅁ

마다가스카르 · · · · · · · 136
마셜제도 · · · · · · · 90
마케도니아 · · · · · · · 47
말라위 · · · · · · · 132
말레이시아 · · · · · · · 149
말리 · · · · · · · 109
멕시코 · · · · · · · 62
모나코 · · · · · · · 41
모로코 · · · · · · · 102
모리셔스 · · · · · · · 114
모리타니 · · · · · · · 103
모잠비크 · · · · · · · 125
몬테네그로 · · · · · · · 47
몰도바 · · · · · · · 33
몰디브 · · · · · · · 149
몰타 · · · · · · · 40
몽골 · · · · · · · 154
미국 · · · · · · · 52
미얀마 · · · · · · · 167
미크로네시아 · · · · · · · 95

ㅂ

바누아투 · · · · · · · 95
바레인 · · · · · · · 164
바베이도스 · · · · · · · 61
바티칸시국 · · · · · · · 41
바하마 · · · · · · · 59
방글라데시 · · · · · · · 181
베냉 · · · · · · · 111
베네수엘라 · · · · · · · 73
베트남 · · · · · · · 185
벨기에 · · · · · · · 25
벨라루스 · · · · · · · 17
벨리즈 · · · · · · · 68
보스니아헤르체고비나 · · · · · · · 47
보츠와나 · · · · · · · 121
볼리비아 · · · · · · · 64
부룬디 · · · · · · · 139
부르키나파소 · · · · · · · 111
부탄 · · · · · · · 172
북한 · · · · · · · 178
불가리아 · · · · · · · 21
브라질 · · · · · · · 82
브루나이 · · · · · · · 159

ㅅ

사모아 · · · · · · · 96
사우디아라비아 · · · · · · · 158
산마리노 · · · · · · · 38
상투메프린시페 · · · · · · · 110
세네갈 · · · · · · · 109
세르비아 · · · · · · · 19
세이셸 · · · · · · · 127
세인트루시아 · · · · · · · 61
세인트빈센트그레나딘 · · · · · · · 78
세인트키츠네비스 · · · · · · · 79
소말리아 · · · · · · · 138
솔로몬제도 · · · · · · · 95
수단 · · · · · · · 105
수리남 · · · · · · · 77
스리랑카 · · · · · · · 174
스와질란드 · · · · · · · 100
스웨덴 · · · · · · · 15
스위스 · · · · · · · 44
스페인 · · · · · · · 36

슬로바키아	19	오스트레일리아	86	**ㅊ**		타지키스탄	155
슬로베니아	18	오스트리아	32	차드	115	탄자니아	116
시리아	163	온두라스	67	체코	19	터키	144
시에라리온	114	요르단	163	칠레	55	토고	110
싱가포르	149	우간다	117			통가	97
		우루과이	71	**ㅋ**		투르크메니스탄	150
ㅇ		우즈베키스탄	146	카메룬	111	투발루	89
아랍에미리트	162	우크라이나	21	카보베르데	122	튀니지	103
아르메니아	157	이라크	159	카자흐스탄	153	트리니다드토바고	79
아르헨티나	70	이란	159	카타르	165		
아이슬란드	15	이스라엘	145	캄보디아	168	**ㅍ**	
아이티	81	이집트	104	캐나다	50	파나마	55
아일랜드	30	이탈리아	42	케냐	130	파라과이	56
아제르바이잔	148	인도	175	코모로	103	파키스탄	149
아프가니스탄	159	인도네시아	171	코스타리카	66	파푸아뉴기니	94
안도라	41	일본	180	코트디부아르	115	팔라우	95
알바니아	47			콜롬비아	73	페루	65
알제리	103	**ㅈ**		콩고공화국	111	포르투갈	37
앙골라	137	자메이카	78	콩고민주공화국	133	폴란드	23
앤티가바부다	58	잠비아	115	쿠바	54	프랑스	28
에리트레아	118	적도기니	112	쿠웨이트	163	피지	89
에스토니아	20	조지아	156	크로아티아	19	핀란드	15
에콰도르	72	중국	184	키르기스스탄	152	필리핀	171
에티오피아	106	중앙아프리카공화국	128	키리바시	92		
엘살바도르	67	지부티	138	키프로스	46	**ㅎ**	
영국	26	짐바브웨	117			헝가리	32
예맨	163			**ㅌ**			
오만	166			타이	170		

실비 베드나르 프랑스의 패션 디자이너로 세계 각지를 여행하면서 여행 잡지에 칼럼을 쓰고, 여러 권의 여행 가이드북을 펴냈다. 다채로운 빛깔의 국기에 매료되어 국기가 가진 의미와 상징, 그 속에 담긴 이야기들을 연구하기 시작했다. 그렇게 탄생한 『세계 국기 국가 사전』은 프랑스에서 베스트셀러에 오르며 세계 여러 나라에서 출간되었다.

원지인 홍익대학교에서 영어영문학을 공부한 뒤, 오랫동안 아동·청소년 도서를 기획하고 편집했다. 현재 번역문학가로 활동하고 있으며, 옮긴 책으로 『홀리스 우주의 그림들』, 『북적북적 우리 동네가 좋아』, 『비밀의 화원』, 『고스트』, 『오, 마이 캐릭터』, 『위대한 발명의 실수투성이 역사』 등이 있다.

● ● ●

사회탐구 그림책 은 세상 모든 이야기에 귀 기울입니다. 넓은 시각으로 지구 곳곳에서 일어나는
사회 현상들을 탐구하다 보면, 저절로 사회 과목에 대한 흥미와 자신감을 갖게 된답니다.

❶ 세계 국기 국가 사전 ❷ 내 이름은 난민이 아니야 ❸ 초특급 비밀 프로젝트
❹ 전쟁에 끌려간 어린이 병사 ❺ 외국에서 온 새 친구 ❻ 회색 도시를 바꾼 예술가들 ❼ 자유 자유 자유
❽ 히잡을 처음 쓰는 날 ❾ 나의 젠더 정체성은 무엇일까? ❿ 밖에서, 안에서 ⓫ 바로 이 나무

사회탐구 그림책 1

세계 국기 국가 사전 – 국기를 보면 국가가 보인다!

2판 1쇄 2018년 7월 5일 | 2판 2쇄 2022년 5월 25일
지은이 실비 베드나르 | 그린이 크리스텔 구에노, 앤 슈타인라인 | 옮긴이 원지인 | 펴낸이 신형건 | 펴낸곳 (주)푸른책들·임프린트 보물창고 | 등록 제321-2008-00155호
주소 서울특별시 서초구 양재천로7길 16 푸르니빌딩 (우)06754 | 전화 02-581-0334~5 | 팩스 02-582-0648
이메일 prooni@prooni.com | 홈페이지 www.prooni.com | 인스타그램 @proonibook | 블로그 blog.naver.com/proonibook
ISBN 978-89-6170-664-3 73900

LES DRAPEAUX DU MONDE EXPLIQUÉS AUX ENFANTS By Sylvie Bednar
© 2008, De La Martinière Jeunesse, a division of La Martinière Groupe, Paris.
All rights reserved
Korean translation copyright © 2018 by Prooni Books,Inc.
Korean translation rights arranged with De La Martinière Jeunesse, a division of La Martinière Group, Paris through EYA(Eric Yang Agency).
이 책의 한국어판 저작권은 EYA(Eric Yang Agency)를 통한 De La Martinière Jeunesse, a division of La Martinière Group, Paris 사와의 독점계약으로 (주)푸른책들이 소유합니다.

＊잘못된 책은 구입한 곳에서 바꾸어 드립니다.
＊이 책 내용의 일부 또는 전부를 재사용하려면 반드시 저작권자와 (주)푸른책들 양측의 서면 동의를 얻어야 합니다.
＊이 도서의 국립중앙도서관 출판시도서목록(CIP)은 서지정보유통지원시스템 홈페이지(http://seoji.nl.go.kr)와
국가자료공동목록시스템(http://www.nl.go.kr/kolisnet)에서 이용하실 수 있습니다. (CIP제어번호:CIP2018014338)
＊보물창고는 (주)푸른책들의 유아·어린이·청소년 도서 전문 임프린트입니다.

크리스텔 구에노 그림 | 14·16·17·18·22·23·24·25·26·28·30·31·36·38·40·44·46·50·64·68·72·76·80·81·88·90·91·97·100·102·104·105·108·
116·124·125·128·131·132·133·134·140·144·145·146·150·157·158·162·164·166·174·175·176·178·180·181·182·183·184쪽
앤 슈타인라인 그림 | 12·34·37·42·45·48·52·54·56·58·59·60·62·65·66·70·71·74·77·82·84·86·92·94·96·98·106·112·118·120·122·126·127·
130·136·137·139·142·148·152·160·167·168·170·172·179·185쪽

일러두기

1. 이 책은 국제연합(UN) 회원 193개국과 참관국인 바티칸시국을 포함하여 모두 194개국을 다루고 있습니다.
2. 다만 앞뒤에 실린 세계 지도에는 각국의 해외영지와 미승인국도 일부 표시했습니다. [예: 서사하라(미승인국), 그린란드(덴마크령)]
3. 면적이 너무 좁아 세계 지도에서 생략된 산마리노·바티칸시국·리히텐슈타인의 위치는 38쪽에 실린 지도에서 찾아볼 수 있습니다.
4. 러시아는 지리적으로 유럽과 아시아에 모두 속하므로 지도엔 2가지 색깔로 구분하고, 본문엔 유럽으로 분류하였습니다.
5. 민간용 국기와 정부기관용 국기가 서로 다른 국가들의 경우, 세계적으로 널리 통용되는 국기를 선택하여 실었습니다.
6. 국립국어원과 외교부(영사관)에 등록된 수도명이 서로 다른 경우, 국립국어원의 표기를 따랐습니다. [예: 키시너우, 아시가바트]
7. 이 책에 실린 모든 정보는 출간 시점을 기준으로 합니다.

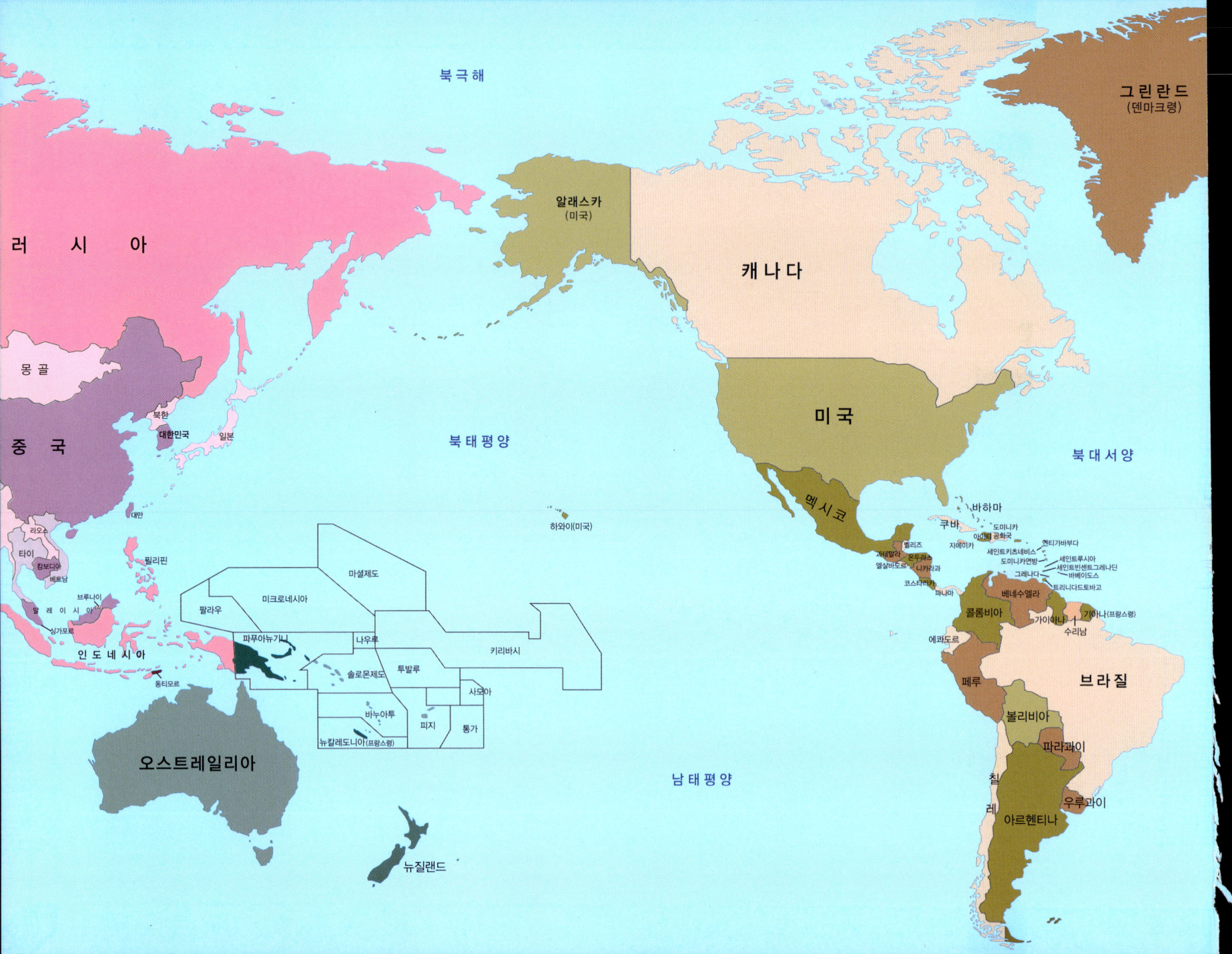